“十三五”职业教育国家规划教材 / 21世纪高职高专规划教材
电子商务系列

E-marketing Practice

网络营销实战（第2版）

主编◎陈广明　　副主编◎程涛　吴雪毅

中国人民大学出版社
·北京·

前　言

2013年9月和10月，中国国家主席习近平提出“新丝绸之路经济带”和“21世纪海上丝绸之路”即“一带一路”的倡议。2015年3月5日，李克强总理在政府工作报告中提出了“互联网＋”行动计划。同时，全球化的商业环境促使企业快速转型升级，充分利用信息化武装自己，提升自身的市场竞争力。根据市场调研获取的企业人才需求分析，我们编写了本教材，为高校和企业提供人才培养的学习资料。本教材以实战为重点，避免人才进入企业就业时理论与实践脱节，减少企业人才需要重塑的时间成本。网络营销是电子商务专业和市场营销专业的核心课程，旨在培养信息化的网络营销人才、“创业创新”人才。

一、教材背景

本教材的编写主要受以下三个需求因素驱动：

1. 企业网商/农村电商人才培养需求

随着企业国际化、信息化趋势日趋显著，企业对信息化商业人才的需求量和技术能力要求不断提高。近几年农村电商的快速发展，也从一方面反映了网络营销人才需求量的增加。根据国家发展战略，为了解决网络营销技术型人才需求缺口，宁波职业技术学院开始建设网络营销课程，经过10年的积累，形成了有针对性的教材。

2. 高职高专应用型定位人才培养需求

高职高专应用型定位人才培养模式有别于本科院校人才培养模式，与传统本科院校人才培养定位偏向科学、系统的理论研究有区别。最近国家提出的应用型本科院校虽然开始朝技术型、应用型人才培养发展，但是因为理论基础不一样，如果按照百分比来计算，高职高专类院校的实践实验环节的权重要高于本科院校，更加注重培养动手能力强的技术型、应用型人才。

3. 教学效果有效性需求

当今，许多高校都比较注重理实一体化课程开发及以实践为主的理实结合的人才培养模式。而高职高专院校的人才培养模式和学院督导对课程内容实践环节要求更高，常要求以项目教学法、活动教学法、案例教学法、问题教学法相结合的模式运行。目前，市场上很难找到以实践为主的合适教材。为了让课程更有效、更符合高职高专院校的需求，我们最终确定出版本教材。

二、教材内容简介

本教材以企业经营实战为主，结合理论进行教学，旨在通过实战提高企业网络营销渠道的销售额、客户满意度、市场竞争力，提升品牌知名度。

本教材共有 4 个项目、17 个任务，具体如下：

项目一：网络营销市场研究；项目二：网络营销推广；项目三：网络营销转化；项目四：网络营销管理。

任务一：网络营销基础；任务二：网络营销策划；任务三：商品货源与渠道；任务四：定价与促销；任务五：平台电商营销——爆款打造；任务六：淘宝联盟推广——淘宝三驾马车投放；任务七：搜索引擎营销；任务八：论坛营销；任务九：博客/微博营销；任务十：微信/微商营销；任务十一：视频营销；任务十二：知识营销——百库文库、百度百科、百度知道和知乎；任务十三：社交平台营销——社交电商营销；任务十四：门户网站广告营销；任务十五：商品详情页文案设计；任务十六：网络营销客服培训；任务十七：全面管理。

教材中每个项目下的任务都含有实战内容。教材的核心内容和任务如下：

成交额	=	访问量	×转化率	×客单价
项目一、项目四		项目二	项目三	项目三
任务一、二、三、四、十七		任务五、六、七、八、九、十、十一、十二、十三、十四	任务十五	任务十六

三、教材特色

在调研中编者发现，编者所在的宁波职业技术学院农村生源占比约为 66%。为了更有针对性地教学和充分利用资源，教材载体建设偏向于农村电商应用与发展，同时审核并引入学生现有的人际关系及企业资源作为载体。本教材的编写主要围绕以下四个要点，这也是本教材的特色。

1. **项目化训练**

2010 年，编者参加了戴士宏教授的项目化课程教学方法研修班，把前期积累的资料进行修改完善，完成了本教材的整体设计和单元设计。本教材编写设计是以项目化训练为主要思路，将农村电商或一家企业的网络营销大项目贯穿整本教材。

本教材前期以企业开设电子商务渠道为起点，包括企业经营环境的 PEST、SWOT、STP 分析，阐述企业营销组合策略的应用；中期围绕公式“成交额＝访问量×转化率×客单价”深化网络营销技术；后期主要对企业网络营销经营进行管理，包括网店经营数据分析，对人、财、物等方面进行管理。

2. **成果导向**

2011 年，编者参加了香港职业训练局（VTC）的成果导向培训班。成果导向与项目化教学并不冲突。经过实证研究，编者修正了第 1 版教材中的能力、知识、素质目标，以成果为导向，设立考核要点。鉴于企业经营的目的是盈利，或者是以利润最大化为目标，本教材总共分为 17 个任务，分别设立了独立的成果考核项目和标准。虽然每个任务不是单独完成就能出成绩，但是每个训练任务如果不达标，最后肯定影响企业营业目标。因此，每个任务均设立独立的成果考核点，整个大项目训练结束后有相应的营业额要求。

3. **课程网络资源库建设**

2014 年，根据宁波职业技术学院课程信息化建设的要求，编者整理完成“网络营销”院级网络课程的建设并顺利结题。2017 年，经过 3 年的应用，该课程申报了浙江省教育厅在线开放课程项目。截至目前，该课程网络资源库已在浙江省教育厅在线开放课程平台投入使用 7 个学期。因此，本教材配有的网络资源库供各位同行和学习者交流探讨，共同成长。

4. **有效课堂认证**

2017 年，编者参加了叶鹏老师的有效课堂认证学习，对课程执行、课堂管理、学生学习的有效性进行思考探索，修订了第 1 版教材的部分章节，以学生为主的课堂学习模式得以有效实行。

四、结语

本教材主要供高职高专院校的电子商务专业、市场营销专业教学使用。本教材配有教学课件，包括课程整体设计、单元设计（课程大纲、课程标准）、Blackboard 网络课程以及与课程对应的 40 多个案例和相关 PPT。您可根据课程需要登录 Blackboard 网络课程平台下载或向出版社索要。学习本课程之前，最好先学习电子商务基础、市场营销学等先修课程，这样课堂管理和执行效果会更加理想。

最后，特别感谢中国人民大学出版社的编辑团队对本教材所做的大量细致的编校工作。

编者

2020 年 1 月

浙江省精品网络课程

目　录

项目一
网络营销市场研究

任务一 网络营销基础

企业经营管理由传统营销模式转向网络营销模式。企业管理的三大核心为人力资源管理、财务管理、商品生产运作管理。企业经营围绕企业文化和品牌建设，以商品创新、服务和营销推广为中心。本教材围绕企业经营的一种新渠道，根据企业的营销目标，打造有竞争力和优势的商品、服务，提出营销推广方法。营销理论的核心理论PEST、4P、4C、4R、4I、STP、SWOT、波特五力竞争分析法、波士顿矩阵分析法等依然是网络营销课程的主要指导理论。

课程设计思路：1）从生活中的衣、食、住、行出发，研究网络营销市场；2）分小组建立一个网店；3）进行营销组合分析与营销方案策划（包括卖什么、怎么进货、如何定价、怎么促销、怎么卖等问题）；4）网络营销运营与推广的核心内容应用（提升访问量、转化率、客单价的方法应用）；5）全面管理与数据分析，提升店铺经营效益。课程设计的所有任务都围绕以上五个步骤对网络营销基础知识进行系统学习和训练。

课程主要以农村电商发展为学习和训练载体。经过前期市场调研与研究，与同学们一同开启农村电商发展机会之路。课程训练拟进入的默认行业为：美食/生鲜/零食（淘宝16大类之一）。实训项目所选行业，同学们可根据自身资源优势进行选择，但需经指导老师审核同意。训练载体为基于淘宝平台的B2C和C2C网络营销模式的真实项目。

【学习目标】

1. 了解网络营销的现状及发展趋势；
2. 能够应用营销理论分析一个特定行业的营销环境；
3. 能够注册并认证淘宝和支付宝账户；
4. 掌握网络营销企业的岗位设置。

【任务引入】

应用从关联课程“市场调研”“营销策划”中所学的知识，解读中国互联网络信息中心

(CNNIC）第46次报告中关于电子商务发展、网购与电子支付的现状；根据阿里巴巴集团2019年财务报告等相关文献，分析百度、阿里巴巴、腾讯、字节跳动等公司现状与未来发展的四大布局。撰写一份以PEST、波特五力分析模型（Michael Porter's Five Forces Model）为主的网络营销环境与市场分析报告。以4人一组为单位，登录淘宝平台，注册并认证至少一家淘宝网店。分析一家员工约30人的电子商务公司设立的岗位及岗位所对应的职责。

【相关知识】

网络营销是以现代营销理论为基础，借助网络、通信和数字媒体技术实现营销目标的商务活动。科技进步、顾客价值变革、市场竞争等综合因素促成了网络营销。企业基于互联网所进行的一切营销活动都可以称为网络营销。从营销的角度出发，可以将网络营销定义为：网络营销是建立在互联网基础之上，借助互联网来更有效地满足顾客的需求和愿望，从而实现企业营销目标的一种手段。

网络营销的核心依然是关注企业的营业利润。正常情况下利润和交易额成正比，实训的所有内容都围绕企业主最关心的成交额（交易额）展开。

成交额＝访问量×转化率×客单价

本课程所有训练内容都围绕上述公式进行。课程设计思路见图1-1。

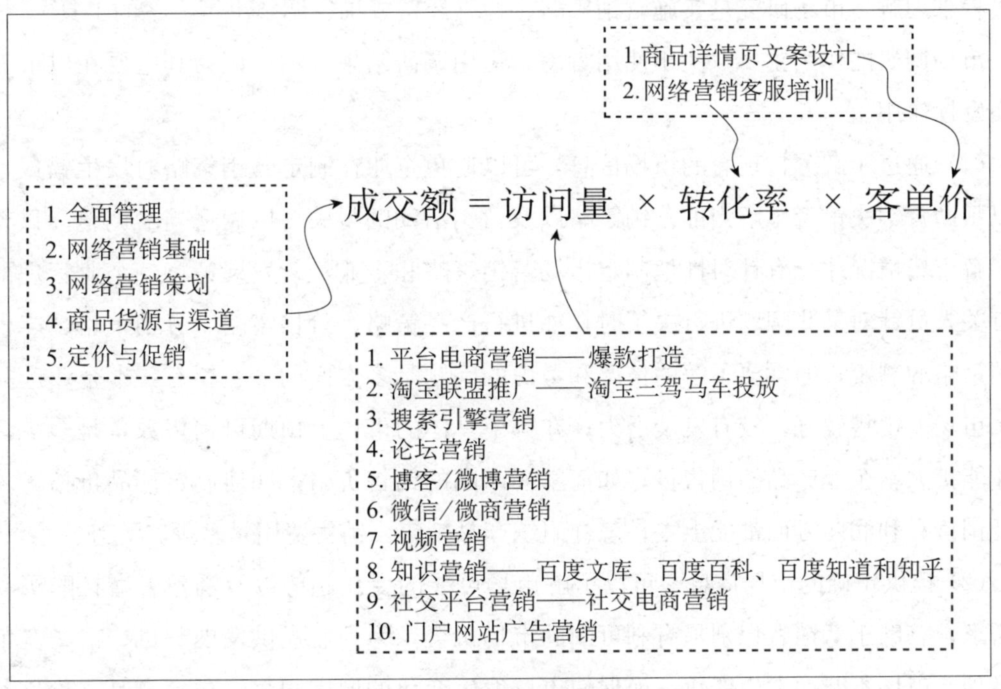

图1-1　课程设计思路

一、市场调研

市场调研是市场调查与市场研究的统称，是指为了提高产品的销售决策质量、解决产品销售中存在的问题、寻找最佳销售机会等而系统地、客观地识别、收集、分析和传播营销信息的工作。企业经营中常采用“先找市场（需求），再找货源（渠道）”的经营思路。

1. 市场调研的功能

市场调研的功能即通过市场调研可以得到什么结果，主要体现在以下三方面：

一是收集并陈述事实。获得市场信息的反馈，可以向决策者提供关于当前市场信息和进行营销活动的线索。

二是解释信息或活动。了解当前市场状况形成的原因和影响因素。

三是预测功能。通过对过去市场信息的了解推测市场可能的发展变化。

2. 市场调研的作用

美国市场营销协会（AMA）认为市场调研的作用包括：1）寻找和定义市场机会及问题；2）产生、提炼和评估营销行为；3）监测市场表现；4）促使人们把营销作为一个过程来理解。市场研究是实施营销策略、检查经营成果、调整决策方案的工具。

市场调研的作用主要取决于使用者怎么运用调研结果，本书认为其主要在以下五个方面发挥作用。

（1）通过了解分析现有的市场信息，可以避免企业在制定营销策略时发生错误，或可以帮助营销决策者了解当前营销策略以及营销活动的得失，以做适当的调整。只有实际了解市场情况才能有针对性地制定市场营销策略和企业经营发展策略。企业管理部门和有关人员针对某些问题进行决策时，如进行产品策略、价格策略、分销策略、广告和促销策略的制定，通常要了解的情况和考虑的问题是多方面的，主要有：本企业产品在什么市场上销售较好，较有发展潜力；在哪个具体的市场上预期可销售数量是多少；如何才能扩大本企业产品的销售量；如何掌握产品的销售价格；如何制定产品价格，才能保证销售和利润两方面都能上去；怎样组织产品销售，销售费用是多少；等等。

（2）提供正确的市场信息，可以了解市场可能的变化趋势以及消费者潜在购买动机和需求，有助于营销者识别最有利可图的市场机会，为企业提供发展契机。市场竞争日益激烈，市场不断地发生变化，而促使市场发生变化的原因很多，包括产品、价格、分销、广告、推销等市场因素和政治、经济、文化、地理等环境因素。这两类因素往往又是相互联系和相互影响的，而且不断地发生变化。企业要适应这种变化，就必须通过广泛的市场调查，及时地了解各种市场因素和环境因素的变化，从而有针对性地采取措施，如通过对价格、产品结构、广告等进行调整，去应对市场竞争。对于企业来说，能否及时了解市场变化情况，并适时适当地采取应变措施，是能否取胜的关键。

（3）有助于了解当前相关行业的发展状况和技术经验，为改进企业的经营活动提供信息。当今世界，科技发展迅速，新发明、新创造、新技术和新产品层出不穷、日新月异。这种技术的进步自然会在商品市场上以产品的形式反映出来。通过市场调查，可以得到有助于及时了解市场经济动态和科技信息的资料信息，为企业提供最新的市场情报和技术生产情报，以便企业更好地学习和吸取同行业的先进经验和最新技术，改进企业的生产技术，提高企业人员的技术水平和管理水平，从而提高产品的质量，加速产品的更新换代，增强产品和企业的竞争力，保障企业的生存和发展。

（4）整体宣传策略需要，为企业市场地位和产品宣传等提供信息和支持。市场宣传推广需要了解各种信息的传播渠道和传播机制，以寻找合适的宣传推广载体和方式以及制订详细的营销计划。特别是高速变化的环境下，过去的经验只能减少犯错误的机会，更需要实时的信息更新来保证宣传推广的到位。通常，在市场宣传推广时还需要强力机构的市场信息支持，比如在消费者认同度、品牌知名度、消费者满意度、市场份额等各方面提供企业的优势信息以满足进一步的需要。

（5）通过市场调研所获得的资料，除了可供了解市场的情况之外，还可以对市场变化趋势进行预测，从而可以提前对企业的应变做出计划和安排，充分利用市场的变化谋求利益。

二、网络营销

（一）网络营销与电子商务的关系

电子商务和网络营销既有区别又有联系：电子商务的核心是电子化交易，强调交易方式和交易全过程的各个环节；网络营销注重以互联网为主要手段的营销活动，主要研究的是交易前的各种宣传推广以及交易后的售后和二次推广。

电子商务平台类型主要有：

（1）B2B（Business to Business）。指企业对企业的交易模式。例如：阿里巴巴、中国制造等。

（2）B2C（Business to Customer）。指商家对个人的交易模式。例如：亚马逊、天猫、当当、京东（自营）等。

（3）C2C（Customer to Customer）。指个人对个人的交易模式。例如：淘宝网店铺等。

（4）O2O（Online to Offline）。指从线上到线下的交易模式，在线上消费，在线下享受服务。例如：美团、滴滴等。

（5）B2B2C（Business to Business to Customer）。指品牌商→经销商（店）→消费者的交易模式。例如：飞牛网（大润发）、京东商城、亚马逊（跨境电商的海外仓）等。

（二）网络营销的优势

网络营销具有成本费用控制优势，能降低交通和通信费，降低销售成本。网络营销还具有创造市场机会、提升服务质量和客户满意度、满足消费者的个性需求的优势。同时，网络营销与传统营销模式相比，具有以下十个方面的优势。

（1）网络媒介具有传播范围广、速度快、无地域限制、无时间约束、内容详尽、多媒体传送、形象生动、双向交流、反馈迅速等特点，可以有效降低企业营销信息传播的成本。

（2）网络销售无店面租金成本，且能实现产品直销功能，能帮助企业减轻库存压力，降低运营成本。

（3）国际互联网覆盖全球市场。通过它，企业可方便快捷地进入任何一国市场。尤其是世界贸易组织第二次部长会议决定在下次部长会议之前不对网络贸易征收关税，网络营销更为企业铺设了一条通向国际市场的绿色通道。

（4）网络营销具有交互性和纵深性，不同于传统媒体的信息单向传播，而是信息互动传播。用户可以查询所需产品后通过广告位直接填写并提交在线表单信息，厂商可以随时得到宝贵的用户反馈信息，这进一步拉近了用户和企业、品牌之间的距离。

（5）推广速度快、更灵活、成本低。在大数据的支持下，网络营销广告制作周期短，即使在较短的周期进行投放，也可以根据客户的需求很快完成营销广告制作。

（6）多维营销。网络营销是多维的，它能将文字、声音和图像有机地组合在一起，传递多感官的信息，让顾客身临其境般感受商品或服务。网络营销的载体基本上是多媒体、超文本格式文件，顾客可以对其感兴趣的产品信息进行更详细的了解，亲身体验产品、服务与品牌。

（7）具有针对性。通过提供众多的免费服务，网站一般都能建立完整的用户数据库，包括用户的地域分布、年龄、性别、收入、职业、婚姻状况、爱好等。有了这些数据，企业在制订网络销售计划时便更有针对性。

（8）可重复性和可检索性。网络营销可以将文字、声音和图像完美地结合之后供用户主动检索、重复观看。而与之相比，电视广告却是让广告受众被动地接受广告内容。

（9）受众关注度高。随着人们生活习惯的变化、智能电子设备的普及，消费者几乎随时随地都能通过智能设备上网。目前，我国网络受众数量近6.5亿。

（10）网络营销缩短了媒体投放的进程。广告主在传统媒体上进行市场推广一般要经过三个阶段：市场开发期、市场巩固期和市场维持期。而互联网将这三个阶段合并在一次广告投放中实现：消费者看到网络营销广告，点击后获得详细信息，填写用户资料或直接参与广告主的市场活动，甚至直接在网上实施购买行为。

（三）网络营销的功能

网络营销的功能主要有以下七个方面：1）信息搜索；2）信息发布；3）网上调研；4）开拓销售渠道；5）建立网络品牌；6）推广企业网站；7）管理顾客关系。

（四）网络消费者的特征

网络消费者主要具有以下四个方面的特征：1）个性消费的回归；2）消费的主动性增强；3）便捷性与购物乐趣并存；4）消费者回归理性。

（五）网络营销的方法

网络营销的理论基础主要是网络直复营销理论、网络关系营销理论、网络软营销理论和网络整合营销理论。常用的网络营销方法主要有以下15种：

1. 网络广告营销

网络广告营销是指配合企业整体营销战略，发挥网络互动性、及时性、多媒体、跨时空等特征优势，策划吸引客户参与的网络广告形式，选择适当的网络媒体进行网络广告投放。网络广告通常采用文字、声音、图像、影像、音乐、视频等表达形式在网络媒体上投放。

2. 搜索引擎营销/搜索引擎优化

搜索引擎营销（SEM）是指通过开通搜索引擎竞价，让用户搜索相关关键词，并点击搜索引擎上的关键词创意链接进入网站或网页进一步了解其所需要的信息。搜索引擎作为一个数据入口，可以拉近商家与顾客的距离。在线客服通过网络平台为顾客提供服务和商品咨询，从而实现销售的目的。

搜索引擎优化（SEO）是指通过对网站结构、三要素描述、高质量的网站主题内容、丰富而有价值的相关性外部链接进行优化而使网站对用户及搜索引擎更加友好，以获得在搜索引擎上的优势排名，为网站引入流量。

3. 电子邮件营销

电子邮件营销是指以订阅的方式将行业及产品信息通过电子邮件的方式提供给所需要的用户，以此建立与用户之间的信任与信赖关系。

4. 即时通信营销

即时通信营销是指利用互联网即时聊天工具（Instant Message）进行推广宣传的营销方式。常见的即时聊天软件有腾讯QQ、WhatsApp、阿里旺旺、SKYPE、微信、陌陌等。

5. 论坛营销

论坛营销是指企业利用论坛(BBS)这种网络交流的平台，通过文字、图片、视频等方式发布企业的产品和服务信息，从而让目标客户更加深刻地了解企业的产品和服务，最终达到宣传企业品牌、加深市场认知度的网络营销活动。

6. 博客营销

博客营销是指通过博客网站或博客论坛接触博客作者和浏览者，利用博客作者个人的知识、兴趣和生活体验等传播商品信息的营销活动，使用户更加信赖企业，深化品牌影响力。

7. 微博营销

微博营销是指通过微博平台为商家、个人等创造价值而执行的一种营销方式，也指商家或个人通过微博平台发现并满足用户的各类需求的商业行为方式。

8. 微信关系营销

微信关系营销是网络经济时代企业营销模式的一种创新，是伴随着微信的火热而兴起的一种网络营销方式。用户注册微信后，通过各种途径增加好友，同时通过微信群和朋友圈与圈内的朋友形成一种联系，推广自己的产品，从而实现点对点的营销，比较突出的如关系营销和体验式微营销。

9. 自媒体营销

自媒体营销是指普通大众通过数字科技与全球知识体系相连，然后与他人分享新闻以及身边事件，从而达到营销的目的。自媒体是利用网络发布信息的一种新媒介。自媒体可以交叉互播，可以共享信息，发布者可以是所有自然人及各种组织。当前，自媒体以微信订阅号和新浪微博为主要载体。

10. 软文营销

相对于硬广告而言，软广告是指由企业的市场策划人员或广告公司的文案人员负责撰写的文字广告。与硬广告相比，软广告之所以叫作软文，是因为其精妙之处就在于一个“软”字，好似绵里藏针，通过故事的形式把商品或服务信息无形地推送给客户。

11. 视频营销

以创意视频的方式，将商品信息置入视频短片中，通过各大视频分享网站等传播平台进行推广。采用这种营销方式，商品容易被用户记住，也不会造成太大的用户群体排斥，容易为用户所接受。

12. 体验式微营销

体验式微营销是指以用户体验为主，以移动互联网为主要沟通平台，配合传统网络媒体及大众媒体，通过有策略、可管理、持续性的 O2O 互动沟通，建立和转化、强化顾客关系，实现客户价值的一系列过程。

13. O2O 立体营销

O2O 立体营销是指基于线上、线下全媒体深度整合营销，以提升品牌价值转化为导向，运用信息系统移动化，帮助品牌企业打造全方位渠道的立体营销网络，并根据市场大数据分析制定出一整套完善的多维度立体互动营销模式，从而实现大型品牌企业全面营销效果。对受众进行全视角、立体式的营销覆盖，帮助企业打造多渠道、多层次、多元化、多维度、全方位的立体营销网络。

14. 病毒式营销

病毒式营销是指利用用户口碑相传的原理，用户之间自发进行的一种营销方式。其利用公众的积极性和人际网络，让营销信息像病毒一样传播和扩散。

15. 其他网络营销方法

其他网络营销方法主要包含社群营销的网红营销，百度社区的百度文库、百度百科、百度知道，知识问答的知乎，社区分享电商小红书和蘑菇街等。

（六）网络营销调研的方法

网络营销调研方法主要有定性调查和定量调查两大类：

定性调查包括：小组座谈会、深度访谈、专家意见法、投影技法、观察调查。

定量调查包括：电话调查、神秘顾客、入户访问、拦截访问、邮寄调查、网上调查。

网络营销有自己独特的市场调研方式，与传统调研使用的工具和方式有差异。网络营销分析市场需求的信息也来自一手数据和二手资料，主要是关于商品销量和访问量、搜索热度、经营决策支持方面的数据。获取数据的主要途径有通过第三方咨询公司购买专业服务、使用专业版市场数据分析软件等。个人用户可以从阿里指数、淘宝排行榜、百度指数、Alexa等权威机构处获取数据。

三、全渠道营销

全渠道营销是指企业通过多种渠道与消费者互动，整合协同营销方式进行传播，包括网站、实体店、服务终端、目录直邮、呼叫中心、社交媒体、移动设备、电视、网络家电、上门服务等。企业网络零售全渠道营销体系如图1-2所示。

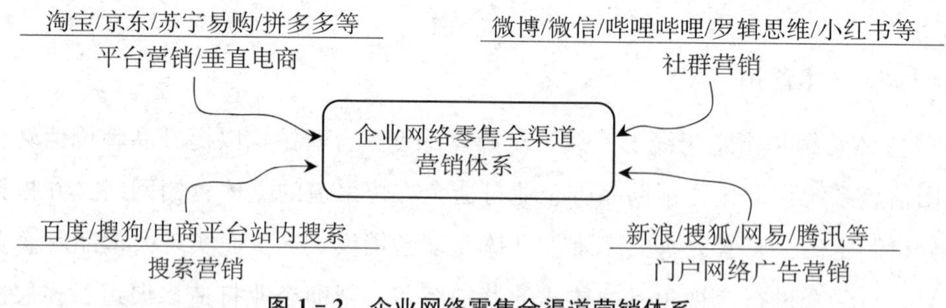

图1-2 企业网络零售全渠道营销体系

四、本教材网络市场研究对象

截至2019年12月31日，国内共有电子商务上市公司66家，总市值6.45万亿元，零售电商上市公司总市值 5.21 万亿元。上市电子商务公司主要分布在产业电商、零售电商、跨境电商、生活服务电商领域。

由于我们主要研究的市场是以企业营销体系构建为基础的，因此我们选择以市场占有率和影响力较大的寡头企业（集团）为代表，进行市场研究，包括百度、阿里巴巴、腾讯、字节跳动。以下是这四家企业的控股公司、子公司以及关系企业（见表 1－1 和表 1－2）。

表 1－1　百度、阿里巴巴、腾讯控股公司、子公司以及关系企业

行业/领域	百度	阿里巴巴	腾讯
搜索	百度搜索	神马搜索、站内搜索	搜狗搜索
浏览器	百度浏览器	UC 浏览器	QQ 浏览器
应用市场	百度手机助手	豌豆荚、UC 应用市场、九游	应用宝
社交	百度贴吧/文库/百科/知道	新浪微博、陌陌、Tango、Snapchat	微信、QQ、知乎、快手
支付/信贷	百度钱包、宜人贷、借现金	支付宝、Paytm、蚂蚁财富、天弘基金等	财付通（微信支付、QQ 钱包）、微粒贷、微车贷等
保险/银行/投资	百安保险、百信银行、百度资本	众安保险、网商银行、阿里资本	众安保险、微众银行、腾讯基金
地图/旅游	百度地图、携程、去哪儿	高德地图、飞猪、穷游	腾讯地图、同程旅行、艺龙旅行
出行	易到用车、天天用车、Uber、优信二手车、易车	滴滴出行、神州专车、Lyft	滴滴出行、Lyft、摩拜单车、人人车、易车
外卖/团购	百度糯米	口碑网、饿了么	大众点评、高朋网、美团外卖
教育	沪江网、百度文库/百科/知道、作业帮	淘宝教育、湖畔大学	腾讯课堂、猿辅导、新东方在线
医疗	百度健康、拇指医生、医护网	阿里健康、未来医院、寻医问药网、华康移动医疗	丁香园、好大夫在线、春雨医生、妙手医生
基础云	百度云	阿里云	腾讯云
沟通	百度 Hi	钉钉、陌陌	微信、QQ
数字营销	百度网盟	阿里妈妈、淘宝联盟	腾讯广告联盟

由于成立的时间较短，字节跳动的主要业务集中在社交媒体，目前投资和控股企业共 36 家，其客户群体国内外加起来约 15 亿。具体情况如表 1－2 所示。

表 1－2　字节跳动控股公司、子公司以及关系企业

业务类型	相关子公司/品牌
社交	抖音、火山小视频、西瓜视频、快拍、悟空问答、微头条、Live.me、Flipagram、Musical.ly、老友科技
内容	今日头条、快看漫画、华尔街见闻、餐饮老板内参、图虫网、每天读点故事、30 秒懂车、读客
营销	微聚信息、拓客文化、今日互联科技、灵豹广告、掌象信息

续前表

业务类型	相关子公司/品牌
工具	新榜、简图、石墨文档、Tower
电商	放心购、懂车帝

五、企业网络营销框架设置

网络营销课程教学与实践内容是配合企业经营管理中市场营销部门发展的需要进行操作的。我们把市场营销部细分为以下三个功能部门。

1. 市场研究与管理部

市场研究与管理部的主要工作包括：网络营销市场研究、网络营销策划、商品货源与渠道、定价与促销、全面管理。

2. 营销推广部

营销推广部可以分为以下小组：

小组一：淘宝大平台营销：包括爆款打造、淘宝联盟推广。

小组二：基于社交的论坛营销、博客/微博营销、微信/微商营销、视频营销、社交平台营销。

小组三：搜索引擎营销、门户网络广告营销、知识营销（百度文库、百度百科、百科知道和知乎）等。

3. 市场管理部

市场管理部的主要工作包括：文案详情美工设计、客户服务。

市场营销部的各功能分工具体要根据企业经营目标，公司规模、拥有资源进行细分。配合企业的经营管理和发展战略，通过网络信息化技术完成核心的营销工作。

六、电子商务相关法律法规及文件

国家发展和改革委员会在《中国电子商务法律法规汇编》一书中整理了与电子商务发展相关的法律法规和部门规章、地方政府规章。对于市场信息化发展中存在的问题，国家通过立法工作推进和指引电子商务健康发展。我们在实训中分析与应用网络营销时，必须与国家相关的法律法规及文件紧密结合。以下是汇编相关内容：

1. 法律及有关法律问题的决定

■《中华人民共和国民法典》

■《中华人民共和国电子签名法》

■《中华人民共和国消费者权益保护法》

■《全国人民代表大会常务委员会关于维护互联网安全的决定》

■《全国人民代表大会常务委员会关于加强网络信息保护的决定》

2. 司法解释及相关文件

■《北京市高级人民法院关于审理电子商务侵害知识产权纠纷案件若干问题的解答》

3. 行政法规、法规性文件

■《互联网信息服务管理办法》

■《国务院办公厅关于加快电子商务发展的若干意见》

■《国务院关于促进信息消费扩大内需的若干意见》

4. 部门规章及相关文件

■《农业部乡镇企业发展中心关于促进外向型乡镇企业开展电子商务的通知》

■《国家烟草专卖局关于卷烟材料网上交易有关问题的通知》

■《互联网药品交易服务审批暂行规定》

■《商务部关于网上交易的指导意见（暂行）》

■《商务部关于促进电子商务规范发展的意见》

■《电子商务模式规范》

■《网络购物服务规范》

■《电子认证服务管理办法》

■《商务部关于加快流通领域电子商务发展的意见》

■《商务部关于促进网络购物健康发展的指导意见》

■《商务部关于规范网络购物促销行为的通知》

■《国家发展改革委、商务部、中国人民银行、国家税务总局、国家工商行政管理总局关于开展国家电子商务示范城市创建工作的指导意见》

■《第三方电子商务交易平台服务规范》

■《国家发展改革委办公厅、财政部办公厅、商务部办公厅等关于促进电子商务健康快速发展有关工作的通知》

■《商务部关于利用电子商务平台开展对外贸易的若干意见》

■《国家发展改革委办公厅关于组织开展国家电子商务示范城市电子商务试点专项的通知》

■《网络发票管理办法》

■《商务部、发展改革委、财政部、人民银行、海关总署、税务总局、工商总局、质检总局、外汇局关于实施支持跨境电子商务零售出口有关政策的意见》

■《网络交易管理办法》

■《商务部、中央网信办、发展改革委关于印发〈电子商务“十三五”发展规划〉的通知》

5. 地方性法规与地方政府规章及相关文件

■《上海市促进电子商务发展规定》

■《深圳市电子商务可信交易环境建设促进若干规定》

6. 网络支付

■《海关总署关于网上支付税费担保事宜的公告》

■《电子支付指引（第一号）》

■《非金融机构支付服务管理办法》

■《互联网保险业务监管暂行办法》

7. 物流配送

■《国家邮政局〈快递服务〉邮政行业标准》

■《海关总署关于进境旅客所携行李物品验放标准有关事宜》

■《海关总署关于调整进出境个人邮递物品管理措施有关事宜》

■《快递企业等级评定管理办法（试行）》

■《快递业务操作指导规范》

■《国家邮政局、商务部关于促进快递服务与网络零售协同发展的指导意见》

■《快递市场管理办法》

■《快递业务经营许可管理办法》

七、课程内容与网络营销岗位设置

附件 1：本课程内容知识点概览

附件 2：电子商务公司各岗位说明书

【任务实施】

表 1-3　任务实施

步骤	操作要求和说明
一、登录百度	1. 打开接入了互联网的计算机，打开浏览器（默认 IE） 2. 登录 http://www.baidu.com
二、下载：CNNIC 第 46 次报告；阿里巴巴 2019 年财务报告	1. 搜索 CNNIC 第 46 次报告，找到并下载 2. 搜索阿里巴巴 2019 年财务报告，找到并下载 3. 下载网络营销（电子商务）发展相关的文献资料
三、撰写报告	根据 PEST 理论（政治、经济、社会、技术等），撰写一份关于网络营销环境的分析报告（约 800 字）
四、分析从事电子商务的食品行业公司设立的岗位	1. 参考附件 2（电子商务公司各岗位说明书） 2. 登录百度，搜索公司组织结构，分析从事电子商务的公司组织结构 3. 分析食品行业公司（贸易型/工贸一体型）的组织结构和相关岗位
五、分析每个岗位的工作内容和职责	根据小组确定下来的岗位，给每个工作岗位确定工作内容和职责
六、注册淘宝、支付宝账号并认证	1. 登录 http://www.taobao.com，点击注册 2. 根据流程一步步完成资料填写，注册完成后选择卖家中心——免费开店 3. 登录 http://www.alipay.com，点击注册 4. 根据要求完成认证
七、效果评估	文件及相关资料下载的准确性、PEST 分析的完整性、分析报告内容的针对性、公司组织结构、对应的岗位设置、对应的职责和工作内容设置等

【评价反馈】

表 1-4　评价反馈

评分项目	评分标准	分值	得分
资料下载准确度及相关性	CNNIC 报告，阿里巴巴 2019 年度财报，其他相关资料	30	
PEST 分析及分析报告	PEST 分析框架完整性，分析报告结构及相关内容的行业针对性	30	
企业组织结构、岗位工作内容及职责	企业组织结构分析，企业工作部门及岗位设置，工作职责	20	
注册淘宝、支付宝账号并认证	注册淘宝、支付宝账号并认证	20	
合计		100	

【知识拓展】

一、经销商与代理商

1. 经销商

经销商是指在某一区域和领域只拥有销售或服务功能的单位或个人。经销商具有独立的经营机构，拥有产品的所有权（买断供货商的产品或服务），获得经营利润，多品种经营，经营活动过程不受或很少受供货商限制，与供货商责权对等。

2. 代理商

代理商代厂家打理生意，而不是买断厂家产品；厂家给予代理商佣金。代理商所代理产品的所有权属于厂家，而不是代理商。因为代理商不是售卖自己的产品，而是代厂家转手卖出去，所以代理商一般是指赚取厂家代理佣金的商业单位。

3. 经销商与代理商的区别

经销商和代理商的区别主要在于是否需要从厂家购买产品，取得产品所有权。经销商从厂家购得产品，取得产品所有权，然后销售，其关系是：厂家（生产企业）→经销商→消费者。代理商是代理厂家进行销售，本身并不购买厂家的产品，也不享有该产品的所有权，所有的货都是厂家的，产品所有权仍然属于厂家，其关系是：厂家（生产企业）→代理商→消费者。当然，代理商所谓的促成交易，也包括代理商对产品进行销售，但代理商的地位是代理厂家进行销售，并通过销售提取佣金。

二、网络营销相关证书

1. 网络营销师证书

根据《国务院关于大力发展职业教育的决定》（国发〔2005〕35号）、《中共中央国务院关于进一步加强人才工作的决定》（中发〔2003〕16号）和国家对专业技术人员加强培训且须持证上岗等文件精神，同时根据《国务院关于加强职业培训促进就业的意见》（国发〔2010〕36号）文件要求，为认真落实《国家中长期人才发展规划纲要（2010—2020年）》《国家中长期教育改革和发展规划纲要（2010—2020年）》的要求，全面提高劳动者职业技能水平，中国通信工业协会（业务指导单位：工业和信息化部）推出全国网络与信息技术培训考试项目（NTC），并设立全国网络与信息技术培训考试管理中心（NTC-MC），负责项目的运营及管理。网络营销师证书是全国网络与信息技术培训考试重点项目，由工业和信息化部全国网络与信息培训考试管理中心认证。

网络营销师证书分为初级、中级、高级三个级别。其中：初级以理论基础为主；中级以实操技能为主，课程80%以上为教授实践操作的内容；高级以实操技能和运营管理知识为主。网络营销师证书由工业和信息化部统一颁发，国家承认，全国通用，是国家相关部门及企事业单位招聘录用人才和评选职称时的一项重要参考依据。

2. 电子商务师证书

为规范电商行业人才认证标准，工业和信息化部人才交流中心联合中国电子商务协会，根据《国家中长期人才发展规划纲要（2010—2020年）》和《专业技术人才知识更新工程实施方案》，依托“工业和信息化领域急需紧缺人才培养工程”，结合中国电子商务协会人才认证体系，在全国范围内开展“中国电子商务师”人才培养工作。其中，培训合格并通过“中国电子商务师”职业水平考试者可获得由工业和信息化部人才交流中心颁发的工业和信息化领域急需紧缺人才证书和中国电子商务协会颁发的中国电子商务师职业资格（水平）证书。电子商务师证书由国家信息化计算机教育认证中心统一颁发，国家承认，是国家相关部门及企事业单位招聘录用人才和评选职称时的重要参考依据。

【实训练习】

本教材实训载体默认为淘宝网16大类中的“美食/生鲜/零食”，食品行业（农村电商的农副产品）。请对淘宝网中的食品行业的营业情况进行调研，应用STP理论分析天猫“新农哥旗舰店”，并撰写分析报告。报告内容应该包含对坚果行业的PEST分析、“新农哥”的SWOT分析、4P分析。（以4人为一小组）

要求：

1. 应用Alexa中国、淘宝网后台的生意参谋、阿里指数、淘宝排行榜进行分析；
2. 应用PEST分析食品行业/农副产品（农村电商）；
3. 应用SWOT分析“新农哥旗舰店”；
4. 撰写一份600字左右的分析报告。

【参考文献】

[1]第46次中国互联网络发展状况统计报告．http://www.cac.gov.cn/2020-09/29/c_1602939918747816.htm.

[2]阿里巴巴2019年6月份季度业绩发布．http://www.chinairn.com/hyzx/20190814/151324270.shtml.

[3]市场调研．http://doc.mbalib.com/view/29ed08ae7df9303258b2ba706ba5bd10.html.

附件1：本课程内容知识点概览

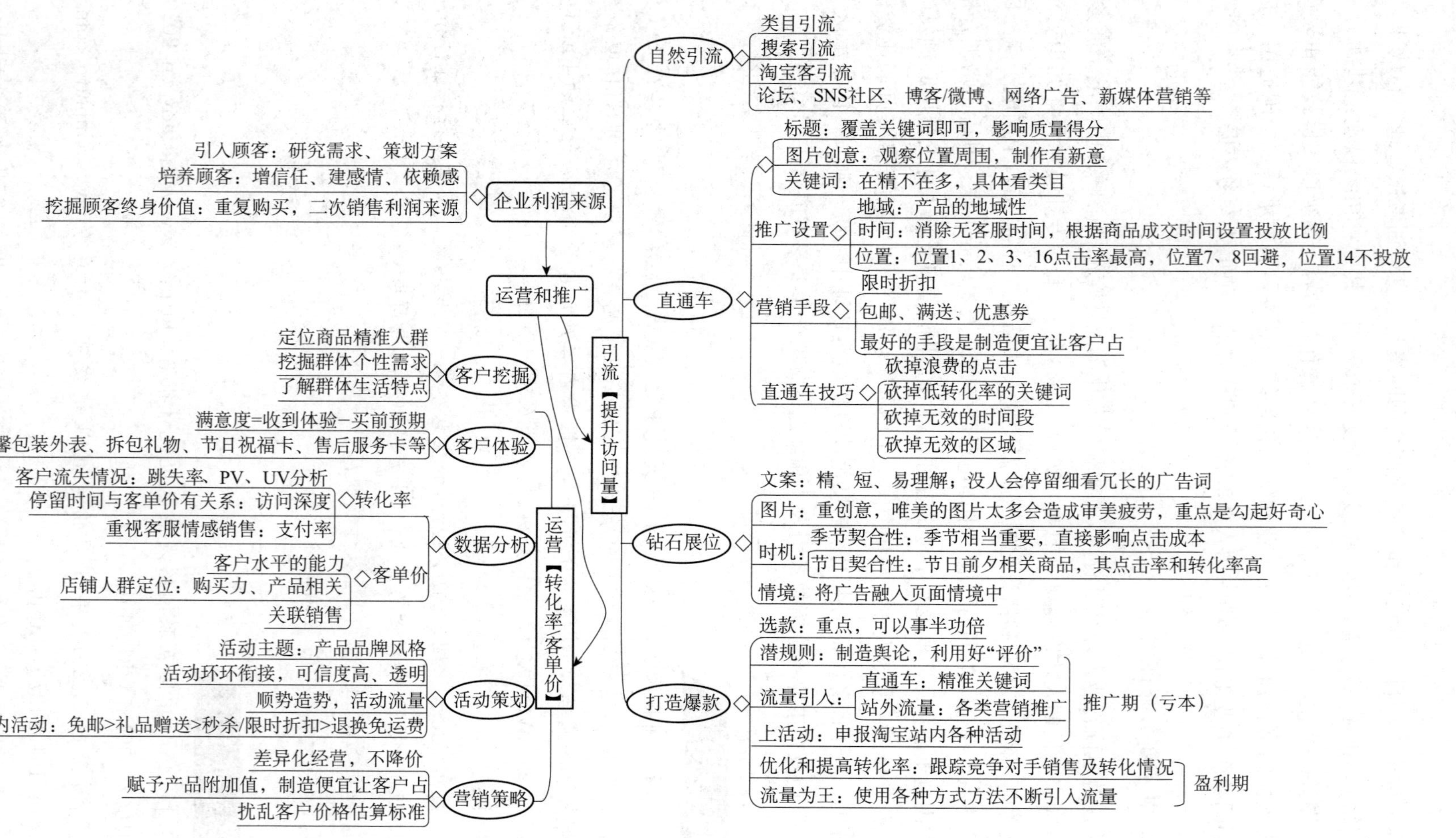

图1-3　本课程内容知识点概览

附件 2：电子商务公司各岗位说明书

表 1-5　**店长岗位说明书**

<table>
<tr><td>岗位名称</td><td>店长</td><td>所在部门</td><td>行政管理部</td><td>直接上级</td><td>市场总监</td><td>直接下级</td><td>店员</td><td rowspan="4">绩效/权重</td></tr>
<tr><td colspan="8">工作职责：制定团队目标与计划，并协调各岗位完成目标</td></tr>
<tr><td colspan="2">内部协作</td><td colspan="2">发货部、营销部</td><td colspan="2">外部协作</td><td colspan="2">外部客户</td></tr>
<tr><td colspan="8">职责与工作内容</td></tr>
<tr><td rowspan="4">职责一</td><td colspan="7">制定本店季度目标，并且细分为月、周、日计划</td><td></td></tr>
<tr><td rowspan="3">工作内容</td><td colspan="6">1. 制定月销售目标，并制定月销售计划（计划落实到每周、每天）</td><td>20%</td></tr>
<tr><td colspan="6">2. 针对目标列出实施方案，落实到每周、每天</td><td>5%</td></tr>
<tr><td colspan="6">3. 明确当月目标与计划实施过程中所遇到的问题，提前做出应对策略（如货源、资金周转、其他硬件设施）</td><td>5%</td></tr>
<tr><td rowspan="6">职责二</td><td colspan="7">负责网店整体规划、营销、推广、客户关系管理等系统经营性工作</td><td></td></tr>
<tr><td rowspan="5">工作内容</td><td colspan="6">1. 负责网店日常改版策划、上架、推广、销售、售后服务等经营与管理工作</td><td>5%</td></tr>
<tr><td colspan="6">2. 负责网店日常维护，保证网店的正常运作，优化店铺及商品排名</td><td>5%</td></tr>
<tr><td colspan="6">3. 负责执行与配合公司相关营销活动，策划店铺促销方案</td><td>10%</td></tr>
<tr><td colspan="6">4. 负责收集市场和行业信息，提供有效应对方案</td><td>2%</td></tr>
<tr><td colspan="6">5. 客户关系维护，处理相关客户投诉及纠纷问题</td><td>3%</td></tr>
<tr><td rowspan="5">职责三</td><td colspan="7">负责整个店铺经营状态，协调和管理各岗位人员</td><td></td></tr>
<tr><td rowspan="4">工作内容</td><td colspan="6">1. 每天不定时观察店铺数据，包括量子、直通车、钻石展位的消耗，做出适当的调整与对策</td><td>10%</td></tr>
<tr><td colspan="6">2. 监督并指导客服工作</td><td>5%</td></tr>
<tr><td colspan="6">3. 配合并指导美工优化店铺形象，制作广告图</td><td>5%</td></tr>
<tr><td colspan="6">4. 整理和分析快递与发货部的交接问题，提出有效意见反馈给客服部主管</td><td>5%</td></tr>
<tr><td rowspan="7">职责四</td><td colspan="7">负责老客户关系维护，提升重复购买率</td><td></td></tr>
<tr><td rowspan="6">工作内容</td><td colspan="6">1. 建立老顾客群、帮派、掌柜说等与客户互动的 SNS</td><td>2%</td></tr>
<tr><td colspan="6">2. 整理出不同级别的老顾客，对不同级别的顾客做出相应的维护</td><td>5%</td></tr>
<tr><td colspan="6">3. 整理、分析在客户关系处理中的问题和改善方法，提出有效意见反馈给客服部主管（可用会员关系管理软件以及表格）</td><td>5%</td></tr>
<tr><td colspan="6">4. 针对店里贵宾顾客做不定期的回访</td><td>1%</td></tr>
<tr><td colspan="6">5. 逢营销活动或节日（生日）给老顾客发短信或打电话（表示祝贺）（可用软件或让售前、售后人员去做）</td><td>5%</td></tr>
<tr><td colspan="6">6. 老顾客同比增长数据每周要统计并做出调整，提出相应对策</td><td>2%</td></tr>
<tr><td>附加职责</td><td>工作内容</td><td colspan="6">额外加班完成经营目标。没有因为管理不善引发的人员短缺或任务目标不能按时完成的情况</td><td>+20%</td></tr>
<tr><td colspan="8">每个星期随机抽取若干团队主管或店员对店长进行考查打分，占 75%；月底店长进行自我鉴定，占 25%</td><td>100%
+20%</td></tr>
<tr><td colspan="9">工作时间：自由安排
工资制度：2 080 元（底薪）×任务完成系数＋团队绩效分成＋奖惩</td></tr>
</table>

表 1-6　　营销部主管岗位说明书

<table>
<tr><td>岗位名称</td><td>营销部主管</td><td>所在部门</td><td colspan="2">营销部</td><td>直接上级</td><td>店长</td><td>直接下级</td><td>营销部专员</td><td rowspan="4">绩效/权重</td></tr>
<tr><td colspan="9">工作职责：完成店长下达的各项营销任务，完成公司各项销售与流量指标</td></tr>
<tr><td colspan="2">内部协作</td><td colspan="2">客服部、技术部</td><td colspan="3">外部协作</td><td colspan="2">渠道</td></tr>
<tr><td colspan="9">职责与工作内容</td></tr>
<tr><td rowspan="8">职责一</td><td colspan="8">网络交易平台 SEO 与优化整治</td><td></td></tr>
<tr><td rowspan="7">工作内容</td><td colspan="7">1. 利用有关软件，对商品关键词进行 SEO 处理</td><td>20%</td></tr>
<tr><td colspan="7">2. 研究消费者的心理需求，优化对应商品描述文案</td><td>5%</td></tr>
<tr><td colspan="7">3. 侦测竞争对手运营情况及市场最新动态，发掘新的商机或商品</td><td>2%</td></tr>
<tr><td colspan="7">4. 研究平台类目及搜索引擎，提炼有用信息，促进店铺经营</td><td>5%</td></tr>
<tr><td colspan="7">5. 利用淘宝箱及网店自带的各种软件，对店铺进行常规优化</td><td>3%</td></tr>
<tr><td colspan="7">6. 研究店铺统计数据，发掘潜在问题并及时处理</td><td>3%</td></tr>
<tr><td colspan="7">7. 每星期整理和分析职责一的工作内容，上报给店长</td><td>3%</td></tr>
<tr><td rowspan="6">职责二</td><td colspan="8">网络交易平台内部营销</td><td></td></tr>
<tr><td rowspan="5">工作内容</td><td colspan="7">1. 有价流量的获取（直通车等）的日常优化</td><td>10%</td></tr>
<tr><td colspan="7">2. 淘宝论坛发帖顶帖，帮派的建立与促销活动的策划与实施</td><td>2%</td></tr>
<tr><td colspan="7">3. 店铺内部活动（增加成交转换率与客单价活动）的策划和实施</td><td>2%</td></tr>
<tr><td colspan="7">4. 交易平台促销活动（增加店铺信誉度及新顾客）的策划和实施</td><td>4%</td></tr>
<tr><td colspan="7">5. 每星期整理和分析职责二的工作内容，上报给店长</td><td>2%</td></tr>
<tr><td rowspan="5">职责三</td><td colspan="8">网络平台外部营销</td><td></td></tr>
<tr><td rowspan="4">工作内容</td><td colspan="7">1. 各大博客、微博的建立与宣传及活动策划和实施</td><td>5%</td></tr>
<tr><td colspan="7">2. 有关行业的门户网站、论坛发帖顶帖及活动策划和实施</td><td>2%</td></tr>
<tr><td colspan="7">3. 百度贴吧、百度知道等宣传推广活动策划和实施</td><td>10%</td></tr>
<tr><td colspan="7">4. 每星期整理和分析职责三的工作内容，上报给店长</td><td>5%</td></tr>
<tr><td rowspan="5">职责四</td><td colspan="8">与其他岗位的交接管理</td><td></td></tr>
<tr><td rowspan="4">工作内容</td><td colspan="7">1. 积极配合技术部的工作，对技术部所需的素材（商品文案、设计要求等）在不影响自身职务的情况下优化处理</td><td>5%</td></tr>
<tr><td colspan="7">2. 积极配合财务部的工作，对财务部所需的资料（费用细则、活动预算等）在不影响自身职务的情况下优化处理</td><td>5%</td></tr>
<tr><td colspan="7">3. 客服部是最直接面向终端的部门，故要积极向客服部咨询及调查最新的顾客需求及意见，了解市场最新情况</td><td>5%</td></tr>
<tr><td colspan="7">4. 每星期整理和分析职责四的工作内容，上报给店长</td><td>2%</td></tr>
<tr><td>附加职责</td><td>工作内容</td><td colspan="7">根据最新需要与发展，公司会下发一些自愿性的工作任务，可按照兴趣来担任相关职务</td><td>+20%</td></tr>
<tr><td colspan="9">店长根据流量与活动开展质量对营销部主管进行打分，占 75%；月底营销部主管进行自我鉴定，占 25%</td><td>100%
+20%</td></tr>
<tr><td colspan="10">工作时间：不限，在活动参与期间必须出勤
工资制度：底薪+利润分配
绩效制度：绩效分数在 65 分以下，绩效系数为 0.5；绩效分数达到 65 分（含 65 分），绩效系数为 1.0；绩效分数达到 80 分（含 80 分），绩效系数为 1.2；绩效分数达到 95 分（含 95 分），绩效系数为 1.5；连续两个月低于 65 分者辞退
知识增值：营销部人员应在平时积极探讨市场营销、网络零售的有关知识</td></tr>
</table>

表 1－7　　　　发货部主管岗位说明书

<table>
<tr><td>岗位名称</td><td>发货部主管</td><td>所在部门</td><td>发货部</td><td>直接上级</td><td>店长</td><td>直接下级</td><td>发货部专员</td><td rowspan="4">绩效
权重</td></tr>
<tr><td colspan="8">工作职责：完成店长下达的各项仓储及采购、发货任务</td></tr>
<tr><td colspan="2">内部协作</td><td colspan="2">发货部、营销部</td><td colspan="2">外部协作</td><td colspan="2">外部客户</td></tr>
<tr><td colspan="8">职责与工作内容</td></tr>
<tr><td rowspan="5">职责一</td><td colspan="7">商品采购与供应商关系管理</td><td></td></tr>
<tr><td rowspan="4">工作内容</td><td colspan="6">1. 根据订单及仓库的状况及时进行当天商品采购（下午 6 时截止）</td><td>20%</td></tr>
<tr><td colspan="6">2. 积极与不同的供应商联系，搞好关系；密切留意市场情况，获取尽量多的情报</td><td>3%</td></tr>
<tr><td colspan="6">3. 定期整理供应商的资料、名片、宣传单册及联系方式、经营种类</td><td>2%</td></tr>
<tr><td colspan="6">4. 每星期整理采购与供应商关系工作内容，上报给店长</td><td>1.5%</td></tr>
<tr><td rowspan="7">职责二</td><td colspan="7">商品挑选、质检与发货管理</td><td></td></tr>
<tr><td rowspan="6">工作内容</td><td colspan="6">1. 发货前检查商品是否有质量或者损坏等问题，如有一律不予寄出，并及时联系晚班客服告知客人（晚上 8 点—9 点）</td><td>2%</td></tr>
<tr><td colspan="6">2. 遇到因为货物无法采购或者已经断货导致当天不能发出的订单，需联系晚班客服与客户协商退款或者换货（晚上 8 点—9 点）</td><td>2%</td></tr>
<tr><td colspan="6">3. 遇到快递延误或者其他事项导致部分订单或者全部订单不能及时发出，应及时联系晚班客服与客户进行协商（晚上 8 点—9 点）</td><td>2%</td></tr>
<tr><td colspan="6">4. 当天遇到任何问题不能发出的订单，都应在其订单旁标示相应标志并告知晚班客服注意（晚上 8 点—9 点）</td><td>5%</td></tr>
<tr><td colspan="6">5. 在工作日内及时进行订单的打包处理</td><td>20%</td></tr>
<tr><td colspan="6">6. 定期检查发货部的建设，维护各环节，每星期整理和分析商品挑选、质检、发货流程问题，上报给店长</td><td>1.5%</td></tr>
<tr><td rowspan="4">职责三</td><td colspan="7">商品更新与品类优化管理</td><td></td></tr>
<tr><td rowspan="3">工作内容</td><td colspan="6">1. 每星期注意观察市场的最新需求、竞争对手、批发市场及客服部的汇报，分析出有竞争力的品类或者商品进行上架更新，商品种类起码 30 种以上，并整理登记，上报给店长</td><td>5%</td></tr>
<tr><td colspan="6">2. 每星期对性价比不高的商品或滞销商品进行下架处理</td><td>3%</td></tr>
<tr><td colspan="6">3. 每星期整理上架与下架等的工作内容，上报给店长</td><td>1.5%</td></tr>
<tr><td rowspan="6">职责四</td><td colspan="7">网站商品信息维护与各部门的对接管理</td><td></td></tr>
<tr><td rowspan="5">工作内容</td><td colspan="6">1. 每天留意仓库中的商品和违规的商品，对需要修改属性的商品进行处理，并及时将其重新上架</td><td>5%</td></tr>
<tr><td colspan="6">2. 及时处理客服部有关商品订单的问题及退款的确认处理（早上 10 点和晚上 8 点）</td><td>5%</td></tr>
<tr><td colspan="6">3. 每天根据财务部的指引进行有关采购成本、营销收入与支出的统计（早上 11 点）</td><td>3%</td></tr>
<tr><td colspan="6">4. 及时观察店铺的销售状况，并分析其中有潜力的非人气商品，及时告知营销部对其进行宣传和推广</td><td>3%</td></tr>
<tr><td colspan="6">5. 每星期整理和分析网站商品与各部门的交接问题，并提出有质量的意见，上报给店长，以文档的形式汇报</td><td>1.5%</td></tr>
<tr><td rowspan="3">职责五</td><td colspan="7">反馈与考勤</td><td></td></tr>
<tr><td rowspan="2">工作内容</td><td colspan="6">1. 每星期把职责一、二、三、四分类别工作情况以文档的形式向店长汇报</td><td>4%</td></tr>
<tr><td colspan="6">2. 根据客服部联系有效次数及出勤情况进行处理（客服联系无故不回应扣 1 分/次，缺席扣 2 分/天，有效请假扣 1 分/天）</td><td>10%</td></tr>
<tr><td>附加职责</td><td>工作内容</td><td colspan="6">根据最新需要与发展，公司会下发一些自愿性的工作任务，可按照兴趣来担任相关职务</td><td>＋20%</td></tr>
<tr><td colspan="8">店长根据岗位说明书内容逐项评定，占 75%；月底发货部主管进行自我鉴定，占 25%</td><td>100%
＋20%</td></tr>
<tr><td colspan="9">工作时间：星期一至星期六，早上 11 点到晚上 11 点
工资制度：股权利益分配
绩效制度：绩效分数在 65 分以下，绩效系数为 0.5；绩效分数达到 65 分（含 65 分），绩效系数为 1.0；绩效分数达到 80 分（含 80 分），绩效系数为 1.2；绩效分数达到 95 分（含 95 分），绩效系数为 1.5；连续两个月低于 65 分者辞退</td></tr>
</table>

表 1-8　　美工部主管岗位说明书

<table>
<tr><td>岗位名称</td><td>美工部主管</td><td>所在部门</td><td>美工部</td><td>直接上级</td><td>店长</td><td>直接下级</td><td>美工部专员</td><td rowspan="4">绩效/权重</td></tr>
<tr><td colspan="8">工作职责：拍摄图片，完善已拍的图片，进行优化与平面设计等</td></tr>
<tr><td colspan="2">内部协作</td><td colspan="2">客服部、营销部</td><td colspan="2">外部协作</td><td colspan="2">渠道</td></tr>
<tr><td colspan="8">职责与工作内容</td></tr>
<tr><td rowspan="6">职责一</td><td colspan="7">网站商品图拍摄与商品文案的整合</td><td></td></tr>
<tr><td rowspan="5">工作内容</td><td colspan="6">1. 根据不同商品选择不同的布局、环境，对商品实物进行拍摄</td><td>20%</td></tr>
<tr><td colspan="6">2. 根据不同商品，结合营销部编写的文案，把商品实物图与对应的文案结合，制作出具有较强竞争力的商品描述</td><td>20%</td></tr>
<tr><td colspan="6">3. 利用稳定性强的相册对所拍摄图片进行存储管理，做好相应的备份</td><td>3%</td></tr>
<tr><td colspan="6">4. 根据需要对商品图片进行一定的美化或者特效处理（如统一写好“促销”“新品上架”“清仓特卖”等字样，并附上水印）</td><td>2%</td></tr>
<tr><td colspan="6">5. 每星期整理和分析职责一的工作内容，上报给店长</td><td>1.5%</td></tr>
<tr><td rowspan="5">职责二</td><td colspan="7">网站 VI 设计与印刷</td><td></td></tr>
<tr><td rowspan="4">工作内容</td><td colspan="6">1. 设计网站的名片、传单、海报等对外宣传用具</td><td>5%</td></tr>
<tr><td colspan="6">2. 设计网站活动的宣传推广图片</td><td>5%</td></tr>
<tr><td colspan="6">3. 负责网站宣传用品的印刷和购置</td><td>5%</td></tr>
<tr><td colspan="6">4. 每星期整理和分析职责二的工作内容，上报给店长</td><td>1.5%</td></tr>
<tr><td rowspan="4">职责三</td><td colspan="7">网站各种页面和构建的设计与装修</td><td></td></tr>
<tr><td rowspan="3">工作内容</td><td colspan="6">1. 综合参考营销部的调研数据与自身设计理念，对网站各种页面和构建要表达的效果进行分析和描述</td><td>3%</td></tr>
<tr><td colspan="6">2. 根据分析结果，利用淘宝软件或聘请专业网页设计师进行制作并调试，最后对效果进行监督和测试</td><td>7%</td></tr>
<tr><td colspan="6">3. 每星期整理和分析职责三的工作内容，上报给店长</td><td>1.5%</td></tr>
<tr><td rowspan="4">职责四</td><td colspan="7">网站各类活动的气氛营造和布置等工作（校园活动现场布置、体验店装修布置）</td><td></td></tr>
<tr><td rowspan="3">工作内容</td><td colspan="6">1. 协助校园推广团队进行校园活动现场的设计与布置</td><td>5%</td></tr>
<tr><td colspan="6">2. 综合体验点负责人与网站的利益要求，进行对体验点的装修（房间装饰、摆放效果、灯光投射等）</td><td>5%</td></tr>
<tr><td colspan="6">3. 每星期整理和分析职责四的工作内容，上报给店长</td><td>1.5%</td></tr>
<tr><td rowspan="3">职责五</td><td colspan="7">反馈与考勤</td><td></td></tr>
<tr><td rowspan="2">工作内容</td><td colspan="6">1. 每星期把职责一、二、三、四分类别工作情况以文档的形式向店长汇报</td><td>4%</td></tr>
<tr><td colspan="6">2. 美工部工作不受时间的限制，但部门内部会议要进行考勤（迟到早退扣 2 分/次，有效请假扣 1 分/次）</td><td>10%</td></tr>
<tr><td>附加职责</td><td>工作内容</td><td colspan="6">根据最新需要与发展，公司会下发一些自愿性的工作任务，可按照兴趣来担任相关职务</td><td>+20%</td></tr>
<tr><td colspan="8">店长根据岗位说明书逐一进行打分，占 75%；月底美工部主管进行自我鉴定，占 25%</td><td>100%
+20%</td></tr>
<tr><td colspan="9">工作时间：不限，在活动参与期间必须出勤
工资制度：利润分配
绩效制度：绩效分数在 65 分以下，绩效系数为 0.5；绩效分数达到 65 分（含 65 分），绩效系数为 1.0；绩效分数达到 80 分（含 80 分），绩效系数为 1.2；绩效分数达到 95 分（含 95 分），绩效系数为 1.5；连续两个月低于 65 分者辞退
知识增值：美工部人员应在平时积极探讨网络零售、商品摄影等有关知识</td></tr>
</table>

表 1－9　**财务部主管岗位说明书**

<table>
<tr><td>岗位名称</td><td>财务部主管</td><td>所在部门</td><td>财务部</td><td>直接上级</td><td>店长</td><td>直接下级</td><td>财务部专员</td><td rowspan="4">绩效／权重</td></tr>
<tr><td colspan="8">工作职责：整理公司财务数据，对日常收入、支出等有关财务资料进行记录</td></tr>
<tr><td colspan="2">内部协作</td><td colspan="2">各大部门</td><td colspan="2">外部协作</td><td colspan="2">无</td></tr>
<tr><td colspan="8">职责与工作内容</td></tr>
<tr><td rowspan="5">职责一</td><td colspan="7">网站日常经营记录及报表整理</td><td></td></tr>
<tr><td rowspan="4">工作内容</td><td colspan="6">1. 在特定的地方记录网站的收入与支出，整理出每天的财务报表</td><td>10%</td></tr>
<tr><td colspan="6">2. 根据每天的财务报表整理出月报、季报、年报</td><td>10%</td></tr>
<tr><td colspan="6">3. 定期整理出资产负债表、现金流量表，以数据为网站梳理总的运营情况，及时向股东反映实际情况</td><td>5%</td></tr>
<tr><td colspan="6">4. 整理和分析职责一的工作内容，并向店长汇报</td><td>2%</td></tr>
<tr><td rowspan="4">职责二</td><td colspan="7">网站活动预算审批及涉外经济合同修订</td><td></td></tr>
<tr><td rowspan="3">工作内容</td><td colspan="6">1. 根据各大部门活动需要编写活动预算表并审核</td><td>10%</td></tr>
<tr><td colspan="6">2. 为网站修订各类经济合同，根据网站实际情况给出专业的财务意见</td><td>10%</td></tr>
<tr><td colspan="6">3. 整理和分析职责二的工作内容，并向店长汇报</td><td>2%</td></tr>
<tr><td rowspan="5">职责三</td><td colspan="7">网站采购财务记录事项及工资利润分配管理</td><td></td></tr>
<tr><td rowspan="4">工作内容</td><td colspan="6">1. 根据各大部门需要为其统一购买所需用品</td><td>5%</td></tr>
<tr><td colspan="6">2. 对于各大部门自行购买的用品应及时向其主管咨询并记录所花费用</td><td>5%</td></tr>
<tr><td colspan="6">3. 每月对客服部专员发放工资，每月留存利润按股份比例对股东进行分配</td><td>8%</td></tr>
<tr><td colspan="6">4. 整理和分析职责三的工作内容，并向店长汇报</td><td>2%</td></tr>
<tr><td rowspan="5">职责四</td><td colspan="7">对网站各部门的财务进行监督</td><td></td></tr>
<tr><td rowspan="4">工作内容</td><td colspan="6">1. 对于发货部，监督其进货与发货资金运用，有异常情况向店长汇报</td><td>5%</td></tr>
<tr><td colspan="6">2. 对于营销部，监督其活动资金落实，有异常情况向店长汇报</td><td>5%</td></tr>
<tr><td colspan="6">3. 对于客服部，监督其备用金的管理和使用，有异常情况向店长汇报</td><td>5%</td></tr>
<tr><td colspan="6">4. 整理和分析职责四的工作内容，并向店长汇报</td><td>2%</td></tr>
<tr><td rowspan="3">职责五</td><td colspan="7">反馈与考勤</td><td></td></tr>
<tr><td rowspan="2">工作内容</td><td colspan="6">1. 每星期把职责一、二、三、四分类别工作情况以文档的形式向店长汇报</td><td>4%</td></tr>
<tr><td colspan="6">2. 财务部工作不受时间的限制，但部门内部会议要进行考勤（迟到早退扣 2 分/次，有效请假扣 1 分/次）</td><td>10%</td></tr>
<tr><td>附加职责</td><td>工作内容</td><td colspan="6">根据最新需要与发展，公司会下发一些自愿性的工作任务，可按照兴趣来担任相关职务</td><td>+20%</td></tr>
<tr><td colspan="8">店长根据岗位说明书逐一进行打分，占 75%；月底财务部主管进行自我鉴定，占 25%</td><td>100%
+20%</td></tr>
<tr><td colspan="9">工作时间：不限
工资制度：股权利益分配
绩效制度：绩效分数在 65 分以下，绩效系数为 0.5；绩效分数达到 65 分（含 65 分），绩效系数为 1.0；绩效分数达到 80 分（含 80 分），绩效系数为 1.2；绩效分数达到 95 分（含 95 分），绩效系数为 1.5；连续两个月低于 65 分者辞退</td></tr>
</table>

表 1-10　　客服专员岗位说明书

<table>
<tr><td>岗位名称</td><td>客服专员</td><td>所在部门</td><td>客服部</td><td>直接上级</td><td>客服部主管</td><td>直接下级</td><td>无</td><td rowspan="4">绩效/权重</td></tr>
<tr><td colspan="8">工作职责：完成客服部主管下达的各项客户服务任务，为客户提供满意的售前、售后服务</td></tr>
<tr><td colspan="2">内部协作</td><td colspan="2">发货部、营销部</td><td colspan="2">外部协作</td><td colspan="2">外部客户</td></tr>
<tr><td colspan="8">职责与工作内容</td></tr>
<tr><td rowspan="4">职责一</td><td colspan="7">处理网站客人购前咨询，引导其完成交易</td><td></td></tr>
<tr><td rowspan="3">工作内容</td><td colspan="6">1. 严格按照售前流程表引导客人完成咨询购买内容（介绍内容：5%，地址确认：5%，评价提醒：5%）</td><td>15%</td></tr>
<tr><td colspan="6">2. 对于咨询购买的客人，接手客服帮其查询快递事项；对于没有咨询自动购买的客人，以值班时间为准帮其查询，并备注说明</td><td>10%</td></tr>
<tr><td colspan="6">3. 整理和分析交易过程中发现的商品问题（如与描述不符、邮费设置、图片有误等）反馈给客服部主管</td><td>1.5%</td></tr>
<tr><td rowspan="6">职责二</td><td colspan="7">实行客人问责制，处理网站客人有关售后的问题</td><td></td></tr>
<tr><td rowspan="5">工作内容</td><td colspan="6">1. 严格按照售后解决准则表处理售后相关问题</td><td>10%</td></tr>
<tr><td colspan="6">2. 及时查看评价管理，遇到不良评价，在两个工作日内做出相应处理</td><td>15%</td></tr>
<tr><td colspan="6">3. 售后问题统一记录在特定的位置，并及时告知发货部处理问题</td><td>5%</td></tr>
<tr><td colspan="6">4. 遇到需要处理的有问题的单子，根据发货部的回复及客人的要求，及时进行备注的再记录</td><td>5%</td></tr>
<tr><td colspan="6">5. 定期检查服务网点的规划、建设、维护各环节，整理和分析售后服务过程中反馈的数据和信息，及时反馈给客服部主管，保证售后服务质量</td><td>1.5%</td></tr>
<tr><td rowspan="5">职责三</td><td colspan="7">疑难快递处理及发货部对接关系处理</td><td></td></tr>
<tr><td rowspan="4">工作内容</td><td colspan="6">1. 早班客服每天处理疑难快递（下载快递软件查看及打电话沟通）</td><td>5%</td></tr>
<tr><td colspan="6">2. 晚班客服每天协助发货部解决当天发货有关问题（晚上7点左右）</td><td>5%</td></tr>
<tr><td colspan="6">3. 遇到任何不能解决的问题，应及时使用通信工具（QQ、旺旺、手机、固定电话等）联系发货部来解决，并及时联系发货部了解问题是否处理完毕，直到处理好为止</td><td>5%</td></tr>
<tr><td colspan="6">4. 整理和分析快递与发货部的交接问题，提出有效意见反馈给客服部主管</td><td>1.5%</td></tr>
<tr><td rowspan="4">职责四</td><td colspan="7">客户关系处理</td><td></td></tr>
<tr><td rowspan="3">工作内容</td><td colspan="6">1. 将已经购买的客人加入微信群、QQ群、旺旺群</td><td>3%</td></tr>
<tr><td colspan="6">2. 根据网店内容定期发送促销消息给老客户，并以值班时间为准，对群内客人咨询做出处理</td><td>2%</td></tr>
<tr><td colspan="6">3. 整理和分析在客户关系处理中的问题和改善方法，提出有效意见反馈给客服部主管</td><td>1.5%</td></tr>
<tr><td rowspan="3">职责五</td><td colspan="7">反馈与考勤</td><td></td></tr>
<tr><td rowspan="2">工作内容</td><td colspan="6">1. 每星期把职责一、二、三、四分类别工作情况以文档的形式向客服部主管汇报</td><td>4%</td></tr>
<tr><td colspan="6">2. 根据出勤情况、请假次数确定考勤分数（迟到早退扣2分/次，有效请假扣1分/天）</td><td>10%</td></tr>
<tr><td>附加职责</td><td>工作内容</td><td colspan="6">根据最新需要与发展，公司会下发一些自愿性的工作任务，可按照兴趣来担任相关职务</td><td>+20%</td></tr>
<tr><td colspan="8">客服部主管每个星期会随机抽取若干客服专员进行考查打分，占75%；月底客服专员进行自我鉴定，占25%</td><td>100%
+20%</td></tr>
<tr><td colspan="9">工作时间及轮班制度：早上9点30分到晚上12点。其中：早班从早上9点30分到下午4点30分；晚班从下午4点30分到晚上12点。客服小冰星期一、三、五上早班，星期二、四、六上晚班；客服小焦星期一、三、五、日上晚班，二、四上早班
工资制度：500元（底薪）×绩效系数＋销售提成2%＋中评修改个数×10元＋差评修改个数×20元 ＋奖惩
绩效制度：绩效分数在65分以下，绩效系数为0.5；绩效分数达到65分（含65分），绩效系数为1.0；绩效分数达到80分（含80分），绩效系数为1.2；绩效分数达到95分（含95分），绩效系数为1.5；连续两个月低于65分者辞退</td></tr>
</table>

网络营销策划

“凡事预则立，不预则废。”营销策划是根据企业的营销目标，以满足消费者需求和欲望为核心，设计和规划企业产品、服务、价格、渠道、促销，从而实现个人和组织的交换过程。网络营销策划是应用互联网的信息化手段，在传统的营销策划方法上加以升级优化。

营销策划是为了改变企业现状，完成营销目标，借助科学方法与创新思维，立足于企业现有营销状况，对企业未来的营销发展做出战略性的决策和指导，带有前瞻性、全局性、创新性、系统性。

营销策划适合任何一种产品或服务，它要求企业根据市场环境变化和自身资源状况做出相应的规划，从而提高产品或服务的销售额，获取利润。营销策划的内容包含市场细分、产品创新、营销战略设计、营销组合等方面的内容。

学生在学习本任务内容的过程中，由于缺乏相关理论基础知识的支撑，因此可根据教学实际情况的需要，将本任务调整到任务十四进行训练。

【学习目标】

1. 熟悉网络营销策划的内容；
2. 掌握网络营销策划的方法与流程；
3. 能够根据营销目标制订营销策划方案。

【任务引入】

以企业、组织、团队设置的整体经济效益为出发点，为店铺制订一整套切实可行的营销策划方案；以提升市场占有率、品牌知名度和经济效益为目标，提升网络营销的整体销售额、利润、行业竞争力。

【相关知识】

“策”是指计策、谋略，“划”是指计划、安排，连起来就是有计划地实施谋略。策划是一种需要组织者因时、因地制宜，集天时、地利、人和，整合各种资源而进行的安排周密的活动。

网络营销作为企业传统营销渠道的补充，也可以是创业者用以创业创新的工具。这里涉及的营销策划主要分为新项目的营销策划和现有项目的营销推广策划两大类。管理者通过企业的预期或设立的目标，制订相应可行的营销策划方案，有计划地分解任务并完成预设目标。这里的营销策划重点是项目的推广等营销活动而非商业计划书。

经营管理者可以通过制订完整可行、具有竞争力的营销策划方案来提升网络营销经营过程中的市场竞争力，从而达到提升企业的销售额、市场占有率、客户满意度等营销目标。

一、网络营销策划的构成及基本原则

（一）网络营销策划的构成

一项网络营销策划一般涉及两个组成部分，即现有营销环境的分析和营销策略的设计，这两部分是相辅相成、缺一不可的。现有营销环境的分析是为制定企业营销策略所做的基础分析，只有对现有营销环境进行准确而深入的分析，企业才能了解其营销现状的机遇和挑战，了解要采取何种营销策略来实现营销的目标。营销策略是一项营销策划的主体，也是一项营销策划所应提供的营销方案的主要部分，它包括产品或服务以及从创意、制造、分销到售后服务的各个环节，也涉及营销活动的产品策略、定价策略、分销策略和促销策略。

（二）网络营销策划的基本原则

网络营销策划是企业在特定的网络营销环境和条件下，为达到一定的营销目标而制定的综合性、具体性的网络营销策略和活动计划。其基本原则如下：

1. 系统性原则

网络营销是以网络为工具的系统性的企业经营活动，它是在网络环境下对市场营销的信息流、商流、制造流、物流、资金流和服务流进行管理的。因此，网络营销方案的策划，是一项复杂的系统工程。策划人员必须以系统论为指导，对企业网络营销活动的各种要素进行整合和优化，使“六流”皆备、相得益彰。

2. 创新性原则

网络为顾客对不同企业的产品或服务所带来的效用和价值进行比较带来了极大的便利。在个性化消费需求日益明显的网络营销环境中，通过创新，创造与顾客的个性化需求相适应的产品特色和服务特色，是提高效用和价值的关键。创新带来特色，特色不仅意味着与众不同，而且意味着额外的价值，在顾客需求和竞争者动向的基础上，营造增加顾客价值和效用、受顾客欢迎的产品特色或服务特色。

3. 操作性原则

网络营销策划的第一个结果是形成网络营销方案。网络营销方案必须具有可操作性，否则毫无价值可言。这种可操作性表现为在网络营销方案中，策划者根据企业网络营销的目标和环境条件，就企业在未来的网络营销活动中做什么、何时做、何地做、何人做、如何做的问题进行周密的部署、详细的阐述和具体的安排。网络营销方案是一系列具体的、明确的、直接的、相互联系的行动计划的指令，企业的每一个部门、每一个员工都能明确自己的目标、任务、责任以及完成任务的途径和方法，并懂得如何与其他部门或员工协作。

4. 经济性原则

网络营销策划必须以经济效益为核心。网络营销策划不仅本身消耗一定的资源，而且通过网络营销方案的实施，改变企业经营资源的配置状态和利用效率。网络营销策划的经济效率，是策划所带来的经济收益与策划方案实施成本之间的比率。成功的网络营销策划，应当在策划方案实施成本既定的情况下取得最大的经济效益，或花费最小的策划方案实施成本取得目标经济收益。

二、网络营销策划的目标与提纲

（一）网络营销策划的目标

网络营销策划的第一步是找出企业在这一时期的网络营销目标。目标设置主要涉及五类：销售目标、增强服务目标、品牌型网络营销目标、提升型网络营销目标以及混合型网络营销目标。

确定目标之后，就要考虑企业要达到其目标需采取什么样的网络营销战略和战术。当今网络营销战略的重点包括：顾客关系的再造，即网络营销能否成功的关键是如何跨越地域、文化和时空差距，再造顾客关系；发掘顾客、吸引顾客、留住顾客，了解顾客的愿望以及利用个人互动服务与顾客维持关系，即企业如何建立并巩固自己的顾客网络；定制化营销，即利用网络优势，一对一地向顾客提供独特化、个性化的产品或服务；寻找企业的网上营销伙伴，运用网络组成合作联盟，并以网络合作伙伴所形成的资源规模创造竞争优势，将企业自己的网站与他人的网站关联起来，以吸引更多的网络顾客。通过各种营销推广策略进行有效的推广，让消费者了解、接触和体验到企业的产品或服务。

当企业管理者对网络营销的目标和战略有了一定的认识时，预先做好网络营销管理设置是保证企业营销效果的关键。这部分包括网络营销管理模型的选择和量化指标的确定、网络营销策划的管理部门的设定和财务预算、反馈信息的管理。

(二) 网络营销策划的提纲

网络营销策划的提纲主要包括以下内容：

(1) 整体分析：市场特征分析、行业分析、竞争对手分析、消费趋势分析、销售状况分析。

(2) 产品（公司）SWOT 分析：优势、劣势、机会、威胁。

(3) 环境 PEST 分析：政策、经济、社会、技术。

(4) 营销战略规划：市场引爆点、市场布局、主导操作思路、运作模式、市场进入与运作思路及设计。

(5) 营销战术规划：产品策略、产品定位与细分、价格策略、渠道策略、渠道选择、渠道拓展顺序、渠道规划、渠道占比、渠道销售量预测分析、上市时间计划。

(6) 促销思路概要及促销与推广细案：上市渠道促销计划、上市终端消费者促销计划、上市终端推广计划、媒介促销安排、后期促销跟进计划。

(7) 费用预算与监控。

三、营销策划实施

营销策划实施是指营销策划方案的组织、指挥、控制与协调活动，是把营销策划方案转化为具体行动的过程。企业营销管理部门必须根据营销策划方案的要求，分配企业的人、财、物等各种营销资源，处理好企业内外部的各种关系，加强领导与激励，提高执行力，把营销策划的内容落到实处。

（一）营销策划实施的主要内容

营销策划实施的主要内容有营销策划的组织、领导和监控。

1. 营销策划的组织

营销策划的组织就是组建有效的营销组织机构和落实责任人。企业的营销策划方案要靠人去实施，因此，需要在实施前组建有效的营销组织机构并将责任落实到人。营销组织机构和人员的落实，可以通过组编、调配各职能机构的人员和制定相应的规章制度来实现，确定每个职位的职权范围、职责及相互关系，以便各司其职、各负其责，使企业高效运转。

2. 营销策划的领导

营销策划的领导就是企业的营销管理者通过指挥、激励、协调、沟通等机制，确保营销策划方案付诸实施的管理活动。

（1）指挥是指使用命令、沟通、请求或说服等方式发出指令，使某人做某事。营销管理者不但要发出指令，还必须为执行者实施有关的政策和决策创造条件，并进行后续跟踪检查，以保证计划得到执行。营销管理者下达的命令或指导性意见应该清楚、明确，不至于引起误解，同时应该完整可行。

（2）激励是指营销管理者对其员工激发鼓励、调动其热情和积极性的行为。从心理学的角度看，激励是通过外部的某种刺激，激发人的内在动机，形成动力，从而增强或减弱人干某件事的意志和行为。激励包括奖励的正向激励、惩罚的负向激励。

（3）协调是指营销管理者在营销过程中，针对企业内外部出现的矛盾和问题进行调解从而解决问题。营销策划方案的实施涉及企业的各个部门以及企业外相关群体的利益。如果处理不好这些关系，企业的营销策划就难以实施。营销管理者在出现矛盾和问题时，必须协调企业内外部的关系，妥善解决矛盾和问题。

（4）沟通是指营销管理者通过向其员工、其他部门或企业最高决策层传达感受、意见和决定，对员工、其他部门或企业最高决策层施加影响。而企业员工、其他部门或最高决策层也只有通过沟通，才能使营销管理者正确评估自己的领导活动，并使营销管理者及时发现营销过程中存在的问题。另外，沟通还有利于营销管理者与员工、其他部门或企业最高决策层互通信息、联络感情、增强凝聚力、鼓舞士气，从而提高营销效率。

3. 营销策划的监控

营销策划方案并不是总能够实施并完成，很多问题会阻碍营销策划方案的实施。企业市场营销活动中常见的问题包括计划脱离实际、营销执行力较差和企业各层次的责任不明确。

（1）计划脱离实际。这是指企业营销策划人员在制订营销计划时，没有从客观实际出发，使制订出来的营销计划不可行、脱离实际，如营销计划的指标偏高，使制订出来的计划方案失去客观基础，或者计划的前提条件脱离企业的实际，又或者长期计划与短期计划相脱节。一旦这些情况发生，必须对计划本身进行调整。

（2）营销执行力较差。企业内部的信息沟通存在问题，或者企业人员的素质不高，抑或员工的积极性没有得到充分的发挥，这些都会使计划不能得到有效的贯彻和执行。

（3）企业各层次的责任不明确。在营销计划的制订和执行过程中，企业内部各个层次的管理人员担负着不同的责任：企业的高层管理者要制定正确的政策和制度，为企业的营销活动提供正确的思想观念；企业营销部门的管理者要根据企业的总体计划和基本指导思想，制订科学的营销活动计划，并能协调基层营销管理人员的工作，发挥其积极性，保证营销计划的贯彻执行；基层营销管理人员（如促销部经理）要根据企业整体的营销活动计划，制订本职能部门的营销活动计划，协调企业内外部各种关系，调动营销人员的工作积极性，使企业的营销计划得到贯彻实施。

（二）营销策划实施的步骤

营销策划实施包括六个步骤：环境及市场分析、目标设定、战略制定、战术制定、预算制定和控制。

1. 环境及市场分析

企业首先要明确所处的宏观环境和微观环境，并对宏观环境进行PEST（政策、经济、社会、技术）分析。同时，掌握企业经营微观环境中的竞争者、分销商、供应商、消费者信息，应用SWOT（优势、劣势、机会、威胁）分析技术，避开威胁，利用企业的优势来发掘市场机会。

2. 目标设定

企业要做出自身的STP分析（市场细分、目标选择、定位），并对环境和市场分析中确认的那些最好的机会进行排序，然后由此出发，定义目标市场，设立目标和完成时间表。企业还需要为利益相关者、企业的声誉、技术等有关方面设立目标。

3. 战略制定

任何目标都有许多达成途径，战略的任务就是选择最有效的行动方式来完成目标。常见的战略包括扩张型战略（新产品战略、新市场战略、多元化战略、纵向/横向一体化战略）、紧缩型战略（紧缩战略、撤退战略）、维稳型战略。

4. 战术制定

战术是战略充分展开后的细节。战术是指为达到战略目标所采取的具体行动。营销战术是指企业在决定了目标市场、市场定位后，对企业可以控制的营销手段进行的组合或策划。

5. 预算制定

预算是指企业为达到其目标而计划的行为和活动所需要的成本。

6. 控制

企业必须设立检查时间和措施，及时查看计划完成情况。如果计划进度滞后，企业必须更正目标、战略或者采取措施来纠正这种局面。

四、营销策划预算、控制与测评

（一）经营预算控制

经营预算控制是指企业日常发生的各项经营活动的预算控制。它主要包括销售预算控制、生产预算控制、直接材料采购预算控制、直接人工预算控制、制造费用预算控制、单位生产成本预算控制、推销及管理费用预算控制等。

营销策划书的预算部分一般包括以下内容：

（1）实施营销预算会产生哪几方面的费用；

（2）实施营销预算的总费用大约是多少；

(3) 人的费用、物的费用、销售费用、管理费用分别是多少;

(4) 费用预算的依据和核算弹性说明。

(二) 营销策划控制

营销策划控制是指市场营销管理者为了监督与考核企业营销活动过程的每一个环节,确保其按照企业预期目标运行而实施的一套规范化约束行为的工作程序或工作制度。

为了控制策划项目的有效执行,需要制定实施的控制流程主要包括以下三步:

(1) 设计营销控制标准;

(2) 对营销活动情况进行监测与评价;

(3) 纠偏方法和流程。

(三) 营销策划测评

1. 效果测评的主要形式

(1) 进行性测评;

(2) 终结性测评。

2. 实施效果测评的原则

(1) 有效性原则;

(2) 可靠性原则;

(3) 相关性原则。

【任务实施】

表 1-11 任务实施步骤

步骤	操作要求和说明
一、环境及市场分析	1. 分析网络营销项目的宏观环境(PEST) 2. 企业的 SWOT 分析 3. 市场环境分析(竞争、消费者)
二、确立项目目标	1. 进行 STP 分析 2. 确定项目的目标
三、确立战略及战术	1. 确定项目的战略 2. 确定项目的战术(4P)及推广策略 1) 4P 分析 2) 推广策略:搜索引擎;博客/微博;论坛(BBS);QQ、微信、QQ 空间、微信朋友圈、微信公众号;淘宝联盟等

续前表

步骤	操作要求和说明
四、确立项目投资预算	分析各项成本并列出各项开支：管理与人员成本，推广成本（重点），耗材与损耗等
五、项目控制	设立检查时间和措施： 1）显性效果监测——从利润指标等 2）隐性效果监测——从客户满意度指标等
六、效果评估	策划方案完整性，策划方案可行性，环境与市场分析方法、推广方法，财务预算，效果评估体系

【评价反馈】

表 1-12　　评价反馈

评分项目	评分标准	分值	得分
策划方案完整性	策划方案包括：环境及市场分析、目标设定、战略制定、战术制定、预算制定、控制	30	
策划方案可行性	策划方案的项目可分解，工作人员对项目任务明确，并能进行效果评估	20	
推广方法针对性	STP 分析，常用推广方法有淘宝联盟、博客/微博、论坛（BBS）、搜索引擎、微信和 QQ 推广	20	
策划效果评价	项目效果主要包括：访问量、销售量、销售额、客户满意度、好评率、转化率、跳失率	30	
合计		100	

【知识拓展】

一、营销策划的作用

1. 有助于企业营销活动目的得到进一步明确

做过营销策划的企业，对企业未来时期的任务、目标、投资组合计划、企业扩张的方式和途径都非常清楚，这就可以从根本上消除企业经营活动的盲目性，凡是与企业营销目标不符的事情就不会发生，耗费企业有限资源的现象也就可以避免。

2. 有助于提高企业营销活动的针对性

任何营销策划方案都是在特定企业营销目标指导和约束下做出的，这就确保了企业日后营销活动的针对性，即每一项工作、每一项措施都是为了解决企业特定时期将要面临的特定问题。看得准、做得准，营销效果自然有保障。

3. 可以增强企业营销活动的计划性，避免主观随意性

营销策划对企业未来时期的活动内容进行了详尽的安排，是企业各个部门、各个员工的行动纲领。一般情况下，只要市场形势没有发生大的变化，就应当不折不扣地予以执行，这样可以使企业的营销走上规范有序的轨道。

4. 实现企业营销活动的个性化和差异化

随着消费者个性的发展及个性化消费的日渐突出，企业要在市场竞争中立于不败之地，就必须依靠个性化和差异化的产品、服务和营销方式实现企业营销的个性化和差异化，从而吸引消费者的目光、抓住消费者的心。虽然个性化和差异化的基础是客观的，是消费者需求特点和竞争者的行为，但是，如果没有策划人员的高瞻远瞩和敏锐的洞察力，也是难以发现这些个性和差异的。对许多企业而言，个性化和差异化营销将只能是一个梦。

5. 提高企业产品的竞争力和营销效益

在产品工艺和质量差异不大的情况下，企业产品的竞争力来自产品的“卖点”。通过新颖、独特和奇异卖点，来提高企业品牌的知晓度、知名度和美誉度，塑造企业独特的销售手段，提高渠道成员的吸引力。离开了营销策划，上述产品竞争力的支撑点将难以找到和形成。企业营销的效益要得到改善和提高，也需要营销策划的支持。只有通过营销策划，才能在提高营销活动的针对性、计划性、主动性和创造性的基础上，避免企业的无效劳动。

二、营销策划方法

营销策划是对营销活动的设计与计划，而营销活动是企业的市场开拓活动，它贯穿于企业经营管理全过程。因此，凡是涉及市场开拓的企业经营活动都是营销策划的内容。以下三种方法只是营销策划方法中的常见方法，只要通过市场检测能达到企业经营目标、符合市场需求，就都是好办法。

1. 点子法

从现代营销角度来说，点子是指有丰富市场经验的营销策划人员经过深思熟虑，为营销方案的具体实施所想出的主意与方法。

2. 创意法

创意是指在市场调研前提下，以市场策略为依据，经过独特的心智训练后，有意识地运用新的方法组合旧的要素所得到的结果。

3. 谋略法

谋略是关于某项事务的决策和领导实施方案。

【实训练习】

运用从"营销策划"课程所学相关知识，对淘宝店铺（坚果类）进行营销推广策划。分析营销及市场环境、企业关系及 SWOT 等信息，为网店制订一套具有竞争力的切实可行的营销推广方案，以提高网店的市场竞争力和销售额。（以 4 人为一小组）

要求：

1. 分析网络营销项目所处的宏观环境（PEST）、市场环境（竞争、消费者）并进行 SWOT 分析；

2. 根据 STP 分析，确定项目目标；

3. 确定项目的战略；

4. 确定项目的战术（4P）及推广策略；

5. 制定项目的投资预算；

6. 对项目进行控制和效果评估；

7. 撰写一份完整、可行、具有竞争力的营销策划方案。

【参考文献】

[1]营销策划 . https://wiki. mbalib. com/wiki/营销策划 .

[2]网络营销策划 . https://baike. baidu. com/item/网络营销策划 .

[3]预算控制 . https://baike. baidu. com/item/预算控制 .

[4]营销策划 . https://baike. baidu. com/item/营销策划/914901.

[5]网络营销策划 . https://baike. baidu. com/item/网络营销策划 .

附件：网络营销策划方案样本

网络营销策划书

一、背景及意义

随着电子商务的快速发展，网上购物逐渐成为一种时尚，给人们提供了一个方便快捷的购物环境。我国网购客户总数已经达到 7.4 亿。中国网络购物的春天已经到来，发展前景十分广阔。有些网购平台还提供个人网店平台，且有很多是免费提供的，为大学生在网上开店提供了方便。在创业欲望的驱使下，我们决定在淘宝网上创建自己的网店。

二、营销目标

满足消费者的差异化需求，为消费者提供优质产品和服务。通过推广宣传网店，提高网店的知名度、流量以及销售量。

三、产品定位及消费者分析

18～35 岁的青年人：这个年龄段的消费者主要是学生和刚步入社会工作不久的年轻人。他们喜欢并有时间上网，但经济大都不独立或不完全独立。这群人对服装的追求标准主要是流行，是更换服装最快的一群人。他们对品牌有一定的认知，但大多无力购买名牌服装，正是我们网店的目标客户。

四、营销市场分析

1. 市场需求分析

人们对于时尚的追求越来越强烈，对于美的定义也不再单一化，时尚潮人们对各种新版服饰及配饰更是爱不释手。因此，我们店铺经营的时尚服装和各种精美饰品必然是极有发展前途的。

2. 竞争分析

服装和饰品对于每个商家来说，都是一项热门的选择，市场竞争对手也必然数不胜数。如果要在淘宝网脱颖而出，必须打造我们店铺的特色，突出我们店铺服装和饰品的风格，保持在时尚的前沿，引领潮流。

(1) 优势：我们采取网上订货然后直接发给买家的模式，这样既可以减少前期投入，又可以减少管理中的复杂环节，使我们能专心去做店铺的宣传。

(2) 劣势：一个尚未被认知的新网店、新品牌，知名度不高，创新能力欠缺，管理团队初步建立，需要磨合，销售渠道尚待建立。特别是才开始经营的网店，信誉度低，顾客不太敢在这样的店铺购买商品。

3. 风险分析

淘宝网的客户是属于我们的，也是属于竞争对手的，这对于客户的稳定积累很不利。如果我们遇上不怀好意的买家或者竞争对手的故意捣乱，几个“差评”便能使我们的信誉严重受损。网店生存与发展靠的就是信誉。

五、营销策略

1. 网店推广策略

(1) 开通网店，将出售的商品上传到网店。

(2) 营销宣传，利用一切免费的服务宣传推广，如进行QQ/微信聊天时将网店地址(https://xxxx.taobao.com)发给所有的亲朋好友，利用漂流瓶使网店信息向外漂流，通过微博让他们更好地了解，同时让身边的亲朋好友帮着宣传。

(3) 利用免费的邮箱，将网店的电子杂志放在邮箱进行推广，在发送的每一封邮件后面附上网店地址(https://xxxx.taobao.com)。

(4) 通过微博/博客，发表一些对消费者有益的与网店商品相关的文章，让更多的人关注，吸引更多的眼球。应用知识营销吸粉，实现品牌销售。同时，与其他的知名品牌网站进行超链接，达到互利共赢的效果。

(5) 通过网上论坛进行宣传。

(6) 通过淘宝联盟进行推广（淘宝客、钻石展位、直通车）。

(7) 通过搜索引擎优化及关键词购买推广。

2. 网店设计策略

(1) 为网店进行超链接、友情链接。提高网站的点击率，发现潜在客户。

(2) 优化网店内搜索工具，做到无论输入店铺的名字还是价格都能找到店铺相关的信息。

(3) 及时更新网店商品的内容。

(4) 开通消费者保障服务，提高消费者对网店的信任度。

3. 商品营销策略

(1) 商品策略：确立商品的特色，做出自己的风格，创立自己的品牌。

(2) 价格策略：在网店销售商品，比传统市场销售渠道的费用低，因此采取低价策略。定价时大多采用成本加一定利润甚至零利润的方法，比传统市场上同类商品的价格低。采用这一策略也是为了扩大宣传并快速打开市场。

(3) 促销策略:

1) 网上折价促销:由于网上销售商品不能给人全面、直观的印象,也不可试用、触摸等,再加上配送成本和付款方式的复杂性,因此选择适当的时机降低价格,可以吸引更多的消费者。

2) 设置特价区:专门设置一个特价区,每周拿出一些热销的商品做低价促销,虽然此款商品的利润低,但可以带旺店铺人气,增加其他产品的销量。

4. 营销物流管理

与物流公司签约,获得协议价并采用月结方式。根据顾客的需求选择不同的快递,尽可能帮助顾客选择划算的快递公司。

六、财务预算(推广费用)

表 1-13 财务预算

<table>
<tr><th colspan="2">内容</th><th>说明</th><th>预算(元/月)</th></tr>
<tr><td colspan="2" rowspan="2">百度
SOSO</td><td>关键词竞价,通过首期关键词竞价提升排名,利用产品优势强势打入市场。普通关键词在前三名,热门词在首页右上居中</td><td>15 000</td></tr>
<tr><td>网盟,根据目标人群设定投放,可进行用户追踪投放</td><td>10 000</td></tr>
<tr><td rowspan="2">微博</td><td>新浪</td><td>开通官方微博,利用各种微博营销手段快速积累忠实的粉丝</td><td>8 000</td></tr>
<tr><td>腾讯</td><td>开通官方微博,利用各种微博营销手段快速积累忠实的粉丝</td><td>6 000</td></tr>
<tr><td colspan="2" rowspan="3">品牌传播</td><td>百度文库、百度百科等,设定相关关键词,提高权重比</td><td>1 000</td></tr>
<tr><td>MBA 智库,设定相关关键词,提高品牌宣传力度</td><td>1 000</td></tr>
<tr><td>新浪文库,设定相关关键词,提高权重比</td><td>1 000</td></tr>
<tr><td colspan="2" rowspan="6">口碑传播</td><td>百度问答,利用关键词覆盖,提升品牌形象及口碑传播力度</td><td>3 000</td></tr>
<tr><td>新浪问答,利用关键词覆盖,提升品牌形象及口碑传播力度</td><td>3 000</td></tr>
<tr><td>SOSO 问答,利用关键词覆盖,提升品牌形象及口碑传播力度</td><td>3 000</td></tr>
<tr><td>雅虎问答,利用关键词覆盖,提升品牌形象及口碑传播力度</td><td>3 000</td></tr>
<tr><td>天涯问答,利用关键词覆盖,提升品牌形象及口碑传播力度</td><td>3 000</td></tr>
<tr><td>搜狐问答,利用关键词覆盖,提升品牌形象及口碑传播力度</td><td>3 000</td></tr>
<tr><td colspan="2">新闻传播</td><td>利用具有新闻价值的事件,或者有计划地策划、组织各种形式的活动,借此制造“新闻热点”来引起媒体和社会公众的注意与兴趣,以达到提高社会知名度、塑造企业良好形象并最终促进商品或服务销售的目的</td><td>15 000</td></tr>
<tr><td colspan="2" rowspan="2">论坛社区</td><td>在相关行业论坛或知名度较高的论坛,通过文字、图片、视频等方式发布商品或服务的信息,让目标客户更加深刻地了解企业的商品或服务</td><td>10 000</td></tr>
<tr><td>利用社区网站的分享和共享功能,在六维理论基础上实现品牌及商品的推广,快速提升知名度</td><td>10 000</td></tr>
<tr><td colspan="2">EDM</td><td>通过获取对口用户的数据信息进行商品推广传播</td><td>10 000</td></tr>
<tr><td colspan="2">外链</td><td>新网店建立之初,需要通过外链快速带来流量,提高网站权重</td><td>15 000</td></tr>
<tr><td colspan="3">小计</td><td>120 000</td></tr>
</table>

七、项目控制与营销效果评估

1. 项目控制

（1）根据项目任务细分，每天进行访问量及销售量监测；

（2）对项目每周进行销售和客户满意度监测；

（3）每两周进行一次客户回访调研，确定转化率与客单价的准确性。

2. 效果评估

（1）店铺的收藏和加购物车是否增加；

（2）通过营销推广活动，网店的知名度是否提高；

（3）销售量及销售额是否提升；

（4）网店客户停留时间和跳失率是否稳定；

（5）店铺的美化与转化提升；

（6）回头率及客户服务满意度提升。

任务三 商品货源与渠道

网络营销只是一种营销方法和渠道，营销的核心与传统营销模式是一致的。万变不离其宗——商品为王。只有有了好的商品，再配合服务和推广，才能收获市场，塑造一个品牌。但是网络营销又有自己的特性，网络营销的商品应该包括引流款、利润款、形象款、活动款。正确地选择商品来覆盖营销全盘策略，是需要深入研究的学问。

互联网和网络信息化的普及，信息不对称和不完全情况的减少，使竞争更加激烈。竞争让商品的生命周期大大缩短。在市场结构和商业环境中，传统的工贸一体知名企业，一旦进入电商渠道，往往会把同行业纯电商（淘品牌）公司碾压并消灭。一个社会的消费总量在一定时期内一般会保持稳定。商业社会的核心是供应链，与有实力的研发生产制造企业合作才是正确的发展方向，没有企业做支持的大学生创业是非常不可取的。

【学习目标】

1. 了解网络营销商品选择的方法；
2. 掌握网络营销商品选择的流程；
3. 能够综合运用马斯洛需求层次理论、波士顿矩阵理论、产品生命周期理论；
4. 能够通过市场分析选择有竞争优势的商品货源。

【任务引入】

进行市场调研，应用马斯洛需求层次理论、波士顿矩阵理论、产品生命周期策略进行分析。根据调研数据，应用所学的方法对经营的商品进行选择。掌握商品的获取渠道，选择经营有竞争优势的商品。

【相关知识】

网络上销售的商品包括有形的实体产品和无形的服务产品。选择或者开发一款符合市场需求的合适产品是成功的第一步，甚至可以说是网店经营成功的关键。选择适合和符合市场需求的有竞争力的商品可以遵循马斯洛需求层次理论、波士顿矩阵理论、产品生命周期理论进行分析。目前，我国市场占有率最高、影响力最大的天猫商城和京东商城，把商品分为十六大类，阿里巴巴中国站则将商品分为十七大类。

信息化快速发展的时代，增加市场信息的透明度，可以减少信息不完全和信息不对称的情况。这让马太效应越发显著。经过前期的市场培养，大型企业基于核心竞争优势与资金加持，已经在市场上形成了一定的寡头效应，增加了新进企业的行业壁垒和经营困难。这要求企业在经营中对商品研发与选择更为谨慎。企业在考虑进入市场时，需要重点考虑建设自身的核心竞争力。目前，常见的核心竞争力主要表现为企业品牌知名度、价格优势、差异化的功能优势三类。因此，商品与渠道对构建企业的核心竞争力具有重要意义。本任务将从产品生命周期理论、波士顿矩阵理论、马斯洛需求层次理论来研究企业产品研发方向与选取商品的思路。

一、产品

产品是指能够供给市场，被人们使用和消费，并能满足人们某种需求的任何东西，包括有形的物品、无形的服务、组织、观念或它们的组合。

1. 产品的分类

在网络上销售的产品，按照性质的不同可以分为两大类：实体产品和虚体产品。

（1）实体产品是指具有物理性状的物质产品。

（2）虚体产品一般是无形的，即使表现出一定形态，也是通过其载体体现出来的，产品本身的性质和性能只有通过其他方式才能表现出来。网络上销售的虚体产品可以分为两大类，即软件和服务。

2. 产品的整体概念

产品的整体概念可分为五个层次：

（1）核心利益层次。是指产品能够提供给消费者的基本效用或益处，是消费者真正想要购买的基本效用或益处。

（2）有形产品层次。是指产品在市场上出现时的具体物质形态，主要表现在以下方面：品质、特征、式样、商标、包装。它是核心利益的物质载体。

（3）期望产品层次。在网络营销中，消费者占主导地位，消费呈现个性化的特征，不同的消费者可能对产品的要求不一样，因此产品的设计和开发必须满足消费者这种个性化需求。

(4) 延伸产品层次。是指由产品的生产者或经营者提供的购买者需求，主要是帮助消费者更好地使用核心利益和服务。

(5) 潜在产品层次。是指一个产品最终可能实现的附加部分和新增加的功能。企业通过对现有产品的附加与扩展，提供潜在产品和新功能；不断寻求满足消费者的新方法，将潜在产品变成现实的产品，能使消费者得到更多的意外惊喜，更好地满足消费者的需求。

二、产品生命周期

(一) 生命周期及策略

产品生命周期（Product Life Cycle，PLC）是指产品的市场寿命，即一种新产品从进入市场到被市场淘汰的整个过程。该理论是美国哈佛大学教授雷蒙德·弗农（Raymond Vernon）于1966年在其《产品周期中的国际投资与国际贸易》一文中首次提出的。弗农认为：产品生命是指市场上的营销生命。产品的生命和人的生命一样，要经历形成、成长、成熟、衰退这样的周期，也就是要经历引入、成长、成熟、衰退的过程。

1. 引入期

产品引入期是指产品从设计投产直到投入市场进入测试的阶段。新产品投入市场，便进入引入期。此时产品品种少，消费者对产品还不了解，除少数追求新奇的消费者外，几乎无人实际购买该产品。生产者为了扩大销路，不得不投入大量的促销费用，对产品进行宣传推广。该阶段由于生产技术方面的限制，产品生产批量小、制造成本高、广告费用大，产品价格偏高，销售量极为有限，企业通常不能获利，反而可能亏损。

引入期策略如表1-14所示：

表1-14 引入期策略

		促销费用	
		高	低
价格水平	高	快速掠取策略	缓慢掠取策略
	低	快速渗透策略	缓慢渗透策略

2. 成长期

产品销售取得成功之后，便进入成长期。成长期是指产品通过试销效果良好，购买者逐渐接受，产品在市场上站住脚并且打开了销路。这是需求增长阶段，需求量和销售额迅速上升。生产成本大幅度下降，利润迅速增长。与此同时，竞争者看到有利可图，纷纷进入市场参与竞争，使同类产品供给量增加，价格随之下降，企业利润增长速度减慢，最后达到生命周期利润的最高点。

成长期策略：1）改善品质；2）市场扩张；3）改变广告宣传重点；4）适当降价。

3. **成熟期**

产品成熟期是指产品大批量生产并稳定地进入市场销售。经过成长期后，随着购买产品人数的增多，市场需求趋于饱和。此时，产品普及并日趋标准化，成本低而产量高，销售增长速度放缓直至转而下降。由于竞争的加剧，同类产品生产企业不得不在产品质量、花色、规格、包装、服务等方面加大投入，从而在一定程度上增加了成本。

成熟期策略：1）市场改良；2）产品改良；3）营销组合改良。

4. **衰退期**

产品衰退期是指产品进入淘汰阶段。由于科技的发展以及消费习惯的改变等，产品的销售量和利润持续下降，产品在市场上已经老化，不能适应市场需求，市场上已经有其他性能更好、价格更低的新产品，足以满足消费者的需求。此时成本较高的企业就会因无利可图而陆续停止生产，该类产品的生命周期也就陆续结束，直至完全退出市场。

衰退期策略：转→撤→攻。

（二）生命周期曲线

一般产品的生命周期曲线如图 1-4 所示：

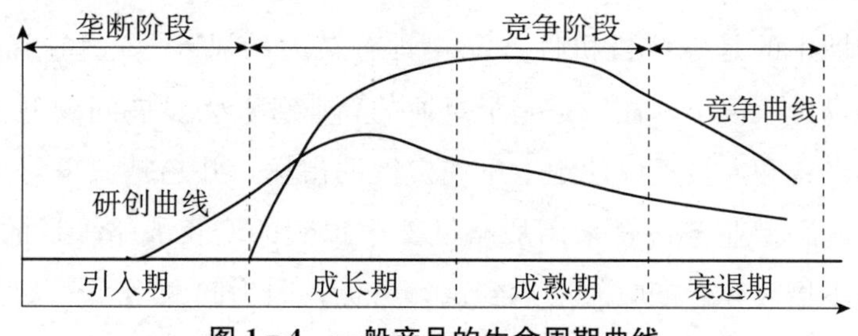

图 1-4　一般产品的生命周期曲线

三、波士顿矩阵

波士顿矩阵（BCG Matrix）又称市场增长率-相对市场份额矩阵、波士顿咨询集团法、四象限分析法、产品系列结构管理法等。该方法是由波士顿咨询集团（Boston Consulting Group，BCG）在20世纪70年代初开发的。波士顿矩阵将组织的每一个战略事业单位（SBU）标在一种二维的矩阵图上，从而显示出哪个SBU提供高额的潜在收益，以及哪个SBU是组织资源的漏斗。波士顿矩阵的发明者、波士顿公司的创立者布鲁斯认为："公司若要取得成功，就必须拥有增长率和市场份额各不相同的产品组合。组合的构成取决于现金流量的平衡。"波士顿矩阵的实质是通过业务的优化组合实现企业的现金流量平衡。

波士顿矩阵的精髓在于把战略规划和资本预算紧密结合起来，把复杂的企业行为用两个重要的衡量指标分为四种类型，用四个相对简单的分析来应对复杂的战略问题。该矩阵能帮助多元化公司确定哪些产品易于投资、易于操纵，哪些产品易于获取利润，需要从业务组合中剔除哪些产品，从而使业务组合达到最佳经营成效。

（一）波士顿矩阵的四种业务组合

1. 明星型业务（Stars，高增长、高市场份额）

这个领域的产品处于快速增长的阶段并且占有支配地位的市场份额，但能否产生正现金流量，取决于新工厂、设备和产品开发对投资的需要量。明星型业务是由问题型业务继续投资发展起来的，可以视为高速成长市场中的领导者，将成为企业未来的现金牛业务。但这并不意味着明星型业务就一定可以给企业带来源源不断的现金流，因为市场还在高速成长，企业必须继续投资，以保持与市场同步增长，并击退竞争对手。企业如果没有明星型业务，就失去了希望。

2. 问题型业务（Question Marks，高增长、低市场份额）

处在这个领域中的是一些投机性产品，具有较大的风险。这些产品可能利润率很高，但占有的市场份额很小，往往是一个企业的新业务。为发展问题型业务，企业必须建立工厂，增加设备和人员，以便跟上迅速发展的市场，并超越竞争对手，这意味着大量的资金投入。问题型业务适合采用战略框架中提到的增长战略，目的是扩大SBU的市场份额，甚至不惜放弃近期收入来达到这一目标，因为问题型业务要发展成明星型业务。波士顿矩阵提供了一种简单的方法，通过权衡选择投资回报率相对高且投入的资源所占宽度不太大的方案。

3. 现金牛业务（Cash Cows，低增长、高市场份额）

现金牛业务享有规模经济和高边际利润的优势。由于市场已经成熟，企业不必大量投资来扩大市场规模。这个领域中的产品产生大量的现金，但增长前景是有限的。现金牛业务是企业现金的来源。企业往往用现金牛业务来支付账款并支持其他三种需大量现金的业务。现金牛业务适合采用战略框架中提到的稳定战略，目的是保持 SBU 的市场份额。

4. **瘦狗型业务**（Dogs，**低增长、低市场份额**）

这个领域中的产品既不能产生大量现金，也不需要投入大量现金，这些产品没有提高绩效的希望。瘦狗型业务常常是微利甚至是亏损的，其存在更多的是由于感情上的因素。瘦狗型业务通常要占用很多资源，如资金、管理部门的时间等，往往是得不偿失的。瘦狗型业务适合采用战略框架中提到的收缩战略，目的在于出售或清算业务，以便把资源转移到更有利的领域。

（二）波士顿矩阵分析图及流程

波士顿矩阵分析图如图 1－5 所示：

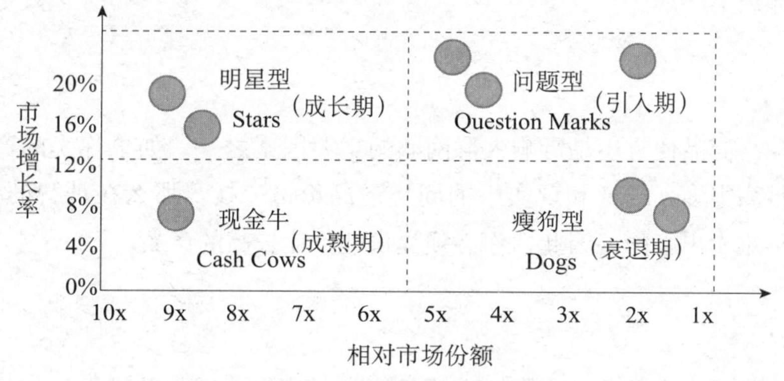

图 1－5　波士顿矩阵分析图

波士顿矩阵分析流程如下：

（1）评价各项业务的前景。波士顿矩阵是用“市场增长率”这一指标来表示发展前景的。这一数据可以从企业的经营分析系统中提取。

（2）评价各项业务的竞争地位。波士顿矩阵是用“相对市场份额”这一指标来表示竞争力的。

（3）标明各项业务在波士顿矩阵图中的位置。具体方法是：以业务在二维坐标中的坐标点为圆心画一个圆圈，用圆圈的大小来表示企业每项业务的销售额。

到了这一步，企业就可以诊断自己的业务组合是否健康了。一个失衡的业务组合就是有太多的瘦狗型和问题型业务，或太少的明星型和现金牛业务。例如：有三项问题型业务，不可能全部投资发展，只能选择其中的一项或两项；只有一项现金牛业务，说明财务状况很脆弱；有两项瘦狗型业务，这是沉重的负担。

(4) 确定纵坐标“市场增长率”的一个标准线，从而将“市场增长率”划分为高、低两个区域。确定坐标比较科学的方法有两种：

1) 把该行业市场的平均增长率作为分界点；

2) 把多种产品的市场增长率（加权）平均值作为分界点。

四、产品选择影响因素

影响消费者和采购商进行产品购买的核心因素有：质量、价格、特色、服务。

1. 质量

质量是产品的核心竞争力。质量不好的产品，价格再低也没人要。如果你卖的产品质量不好，即便卖了出去，也会有各种各样的后遗症，如退货、换货、投诉、中评甚至差评等，令你烦不胜烦。

2. 价格

目前，网络商品便宜还是影响人群网购的主要因素之一。如果你卖的产品的价格比你网上的同行高很多，或者和现实中的同类产品价格一样，那么在理智的消费者面前，你的产品是很难卖出去的。因此，你必须提供性价比较高的产品。

3. 特色

能提供有特色和个性化的产品。在质量可靠、价格公道的基础上，如果产品比较有特色或个性化，并且这种特色或个性很难在短期内被广泛复制，这就是核心竞争力，那就离成功不远了。

4. 服务

满足采购商在产品质量、运输包装、支付方式、合作方式、退换货服务等方面的要求。供应商要能提供销售全程的售前、售中、售后的配套服务，在后续的销售工作中能及时解决问题，提升消费者的体验满意度。随着营销活动的进行和时间的积累，可以培养忠诚客户，形成口碑营销。

五、产品数据分析

万事开头难，创业者第一关要过的就是考虑卖什么，已经有货源供应渠道以及自产自销的企业和私营个体除外。在信息化高度发达的时代，充分利用市场数据进行分析是创业的基础。阿里巴巴在贸易市场上的占有率高达60%，利用该平台相关数据进行市场分析，是经营者有效把握市场方向的捷径。通过针对市场和消费者行为习惯的两大分析平台，经营者可以有效进行市场环境和消费者购买行为分析，从而确定所要经营的商品。

1. **阿里指数**（https：// index. 1688. com）

阿里指数是阿里巴巴集团公司的产品，2012 年 11 月 26 日正式上线。消费者可以通过该平台了解阿里系电子商务平台市场动向的数据分析情况。阿里指数根据阿里巴巴网站每日运营的基本数据（包括每天网站浏览量、每天浏览的人次、每天新增供求产品数、每天新增公司数和每天新增产品数这 5 项指标）计算得出。

作用：了解行业、探查宏观；了解采购和供应指数；了解大类的市场销售情况（见图 1－6）。

图 1－6　阿里指数

2. **淘宝网排行榜**（https：// shu. taobao. com）

作用：了解中国最大的网上零售市场，消费者购买量最大和热门搜索关注的商品情况（见图 1－7）。

3. **百度指数**　(http：// index. baidu. com)

百度指数是以百度海量网民行为数据为基础的数据分析平台，是当前互联网数据时代重要的统计分析平台之一，为众多企业营销决策提供重要依据。百度指数能够告诉用

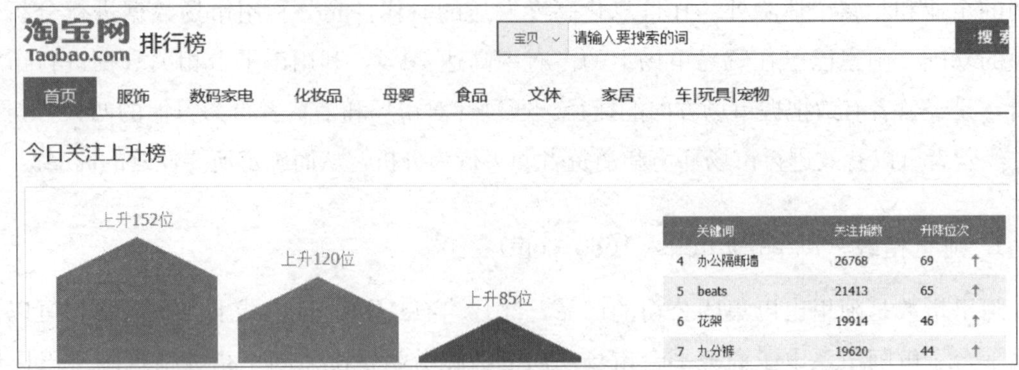

图 1-7 淘宝网排行榜

户某个关键词在百度的搜索规模有多大，在一段时间内的涨跌态势和相关的舆论变化，关注这些词的网民是什么样的、分布在哪里，以及他们还搜索了哪些相关的词等行为，帮助用户优化数字营销活动方案（见图 1-8)。

图 1-8 百度指数

4. 腾讯大数据（http: // data. qq. com)

腾讯大数据处理套件（Tencent Big Data Suite，TBDS）是基于腾讯多年海量数据处理经验，对外提供的可靠、安全、易用的大数据处理平台。用户可以借助 TBDS 在公有云、私有云、非云化环境，根据不同数据处理需求选择合适的大数据分析引擎和相应的实时数据开发、离线数据开发以及算法开发服务，来构建自己的数据仓库、用户画像、精准推荐、风险管控等大数据应用服务（见图 1-9)。

图 1-9　腾讯大数据

以上平台只是提供数据的部分来源。必须结合波士顿矩阵理论、产品生命周期理论，应用市场调研技术，通过对一手数据、二手资料的收集和分析，确立具有市场竞争优势的产品。获取一个好的产品是成功的一半。

六、产品选择分析

（一）产品选择分析模型

最终确定所要经营的产品时，需要考虑的三大因素为：自身拥有的货源资源，资源的获取渠道与可行性，市场供需情况（见图 1-10）。

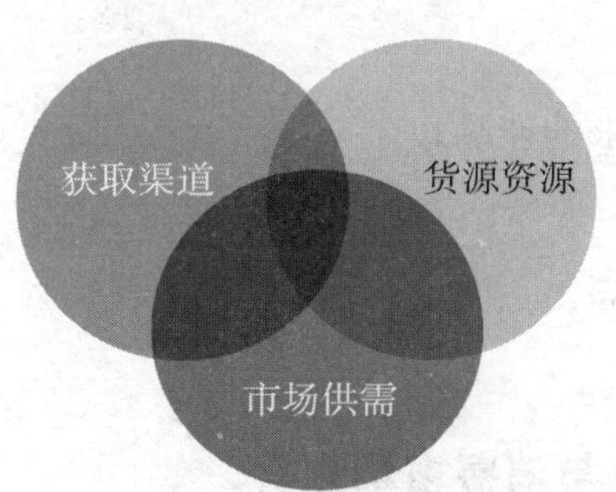

图 1-10　产品选择分析模型

（1）货源资源：通过市场调研、波士顿矩阵理论，分析有市场增长空间的产品。

（2）获取渠道：根据有限资源，分析能够通过努力获取产品的方法和途径。

（3）市场供需：分析该产品在市场中的供给和需求情况。

(二)产品选择分析方法

1. FFAB分析法

选择产品时应该使用推销中经常使用的FFAB分析法。因为我们采购进来的产品一般只是做中转，或者通过加工、包装增值后再转手卖出，所以对产品特性和卖点的分析是必不可少的。FFAB的含义如下：

Feature：产品或解决方法的特点。

Function：因特点而带来的功能。

Advantage：这些功能的优点。

Benefits：这些优点能给顾客带来的利益。

2. STP分析法

STP分析即市场细分（Segmenting）、选择目标市场（Targeting）和产品定位（Positioning）。STP分析是整个营销建设的基础，对各自的市场进行细分并选择目标市场，为企业所经营的产品选择不同的定位。

细分市场不是根据产品品种、产品系列进行的，而是从消费者（最终消费者和工业生产者）的角度进行的，即根据消费者的需求、动机、购买行为的多样性和差异性来划分。

3. 产品选择原则

（1）选择适合网上交易的产品；

（2）选择具有地区优势的产品；

（3）选择热销的产品；

（4）选择有潜在市场需求的产品；

（5）寻找新奇特产品；

（6）选择自己熟悉的产品。

七、马斯洛需求层次理论与消费市场划分

1. 马斯洛需求层次理论

马斯洛需求层次理论是人本主义科学的理论之一，由美国心理学家亚伯拉罕·马斯洛于1943年在《人类激励理论》一文中提出。文中将人类需求像阶梯一样从低到高按

层次分为五种，分别是：生理需求、安全需求、社交需求、尊重需求和自我实现需求。

第一层次：生理需求

呼吸	水	食物	睡眠	生理平衡	分泌	性

如果这些需求（除性以外）中的任何一项得不到满足，人类的生理机能就无法正常运转。换言之，人类的生命就会受到威胁。从这个意义上说，生理需求是人们行动最首要的动力。马斯洛认为，只有这些最基本的需求达到维持生存所必需的程度，其他的需求才能成为新的激励因素，而到了此时，这些已相对满足的需求也就不再成为激励因素了。

激励措施：增加工资、改善劳动条件、给予更多的业余时间和工间休息、提高福利待遇。

第二层次：安全需求

人身安全	健康保障	资源所有性	财产所有性	道德保障	工作职位保障	家庭安全

马斯洛认为，有机体是追求安全的机体，人的感受器官、效应器官、智能和其他能量都是寻求安全的工具，甚至可以把科学和人生观都看成满足安全需求的一部分。当然，这种需求一旦相对满足，也就不再成为激励因素了。

激励措施：强调规章制度、职业保障、福利待遇，保障员工不失业，提供医疗保险、失业保险和退休福利，避免员工因收到双重指令而混乱。

第三层次：社交需求

友情	爱情	性亲密

人人都希望得到相互的关心和照顾。感情上的需求比生理上的需求来得细致，它和一个人的生理特性、经历、教育、宗教信仰都有关系。

激励措施：提供同事间社交往来机会，支持与赞许员工寻找及建立和谐温馨的人际关系，开展有组织的体育比赛和集体聚会。

第四层次：尊重需求

自我尊重	信心	成就	对他人尊重	被他人尊重

人人都希望有稳定的社会地位，个人的能力和成就得到社会的承认。尊重又可分为内部尊重和外部尊重。内部尊重是指一个人希望在各种不同情境中有实力、能胜任、充满信心、能独立自主。总之，内部尊重就是人的自尊。外部尊重是指一个人希望有地位、有威信，受到别人的尊重、信赖和高度评价。马斯洛认为，尊重需求得到满足，能使人对自己充满信心，对社会满腔热情，体验到活着的价值。

激励措施：公开奖励和表扬，颁发荣誉奖章，在公司刊物发表文章表扬，设置优秀员工光荣榜，强调工作任务的艰巨性以及成功所需要的高超技巧。

第五层次：自我实现需求

道德	创造力	自觉性	问题解决能力	公正度	接受现实能力

自我实现需求是最高层次的需求，是指实现个人理想、抱负，最大限度地发挥个人的能力，达到自我实现境界的人，接受自己也接受他人，解决问题能力增强，自觉性提高，善于独立处事，要求不受打扰地独处，完成与自己的能力相称的一切事情的需求。也就是说，人必须干称职的工作，这样才会感到最大的快乐。马斯洛提出，为满足自我实现需求所采取的途径是因人而异的。自我实现的需求是努力挖掘自己的潜力，使自己越来越成为自己所期望的人物。

激励措施：设计工作时运用复杂情况的适应策略，给有特长的人委派特别任务，在设计工作和执行计划时为下级留有余地。

2. 消费市场划分

根据人类的五个需求层次，可以划分出五个消费市场：

(1) 生理需求→满足最低需求层次的市场，消费者只要求产品具有一般功能即可；

(2) 安全需求→满足对“安全”有要求的市场，消费者关注产品对身体的影响；

(3) 社交需求→满足对“交际”有要求的市场，消费者关注产品是否有助于提高自己的交际形象；

(4) 尊重需求→满足对产品有与众不同要求的市场，消费者关注产品的象征意义；

(5) 自我实现需求→满足对产品有自己判断标准的市场，消费者拥有自己固定的品牌。

需求层次越高，消费者就越不容易得到满足。经济学认为，“消费者愿意支付的价格≌消费者获得的满意度”。也就是说，同样的产品，满足消费者的需求层次越高，消费者能接受的产品定价也越高。市场的竞争总是越低端越激烈，价格竞争显然是将“需求层次”降到最低，消费者感觉不到其他层次的满意，愿意支付的价格当然也低。

八、产品获取的渠道

1. 自产自销

对拥有自有技术和原材料的企业或者个人来说，这是一种最易管理的产品获取渠道。

2. 原产地进货

农副产品（包括食品）和区域特色产品、非标准产品，往往会因为产地差异和中间渠道环节的多少，最终导致价格差别很大。去掉中间环节，直接联系货源，是节省成本、控制产品质量的重要一环。

3. 在网络上寻找生产企业，寻求网店货源代理

生产型企业大部分都支持支付宝担保交易、一件代发货、七天退换货等服务。淘宝供销平台货源中心有非常好的供货途径，能够通过申请授权获得代理权。其他各种一件代发货的平台也非常多，只是市场层次参差不齐，需要小心留意。

4. 生产厂家库存和尾单

从成本回收上考虑，生产厂家为了回收成本，一般情况下库存和尾单的处理价格都不会考虑盈利，售价低于成本价的情况常有。在保质保量的前提下，保持与厂商的联系、获取特价产品，是提升竞争力的法宝之一。

5. 选择就近的批发市场或网络批发平台进货

根据自身资金运转情况制定预算，通过采购通常都能够获得更低的折扣和价格，能够更好地把握产品质量和库存数量。进货时，除了选择正确的批发市场外，还需要注意以下两点：

（1）掌握常用进货术语。一般像“拿货价是多少”“这个怎么批发”“拿多少有优惠”等术语是常用的，切忌问老板“这个怎么卖啊”。

（2）货比三家。同一个批发市场同一个款式的产品可能价格相差较大，要用心节省成本。

九、供应链与成本

供应链是指商品从最初的原材料供应到生产加工再到批发零售，最后到达消费者手中的整个过程。企业管理者若在供应链上进行有效管理，将会大大降低从原材料采购到成品进入消费者手中各个环节的成本。这部分节省出来的成本，可以为企业在定价策略上获得有利的优势。网络市场上，商品的价格优势往往是核心竞争力之一。

供应链管理的意义主要有：1）提升客户的满意度；2）降低企业成本（降低库存、减少生产及分销费用）；3）使企业整体流程最优（错误成本去除、异常事件消弭）。

【任务实施】

表1-15 任务实施步骤

步骤	操作要求和说明
一、坚果类商品营销环境分析	1. 产品生命周期分析 2. 列举10款淘宝上热销的坚果名称 3. 分析这10款商品的产地与产量、采摘时间、消费高峰、运输与保存条件等信息
二、坚果类商品市场定位	1. 应用马斯洛需求层次理论，分析消费人群基本层次 2. 应用生意参谋、阿里指数、淘宝网排行榜、百度指数、腾讯大数据及其他网络资料，分析坚果类商品消费的客单价 3. 应用STP分析法，为坚果类商品进行市场定位
三、选择并确定商品	1. 应用FFAB理论，分析5款坚果的特点、优点、好处和利益 2. 应用波士顿矩阵理论，确定市场成长空间较大的5款坚果
四、分析坚果类商品的获取渠道	1. 分析确定的5款坚果的主要产地及生产时间 2. 分析批发市场及供应商信息/代理商信息 3. 确定商品获取渠道与途径、方法
五、确定商品质量、价格、特色、服务条款	1. 采购样本，确定商品质量、价格、特色 2. 商谈确定合作或支付方式等服务条款 3. 确定采购计划和方案 4. 做好供应商管理方案
六、效果评估	产品生命周期分析报告、STP分析报告、波士顿矩阵分析报告、坚果获取渠道分析报告、供应商服务条款等

【评价反馈】

表1-16 评价反馈

评分项目	评分标准	分值	得分
坚果营销环境及定位分析	生意参谋等软件的客单价分析报告，应用STP分析法对坚果类商品进行市场定位分析	30	
商品获取渠道分析	生产商、供应商、代理商的信息资料收集情况	30	
商品确定方法应用	FFAB分析报告，波士顿矩阵分析报告	20	
供应商合作条款（合同）内容	供应商合作方式和服务条款完善程度	20	
合计		100	

【知识拓展】

一、供应商开发

1. 供应商开发的基本原则

供应商开发的基本原则即“Q. C. D. S”原则（质量、成本、交付与服务并重的原则)。四者中，质量因素是最重要的，首先要确认供应商是否建立有一套稳定有效的质量保证体系，然后确认供应商是否具有生产所需特定产品的设备和工艺能力。其次是成本与价格，要运用价值工程的方法对所涉及的产品进行成本分析，并通过双赢的价格谈判实现成本节约。再次，在交付方面，要确定供应商是否拥有足够的生产能力，人力资源是否充足，有没有扩大产能的潜力。最后，也是非常重要的一点，检查供应商售前、售后服务的记录。

2. 供应商开发的步骤

步骤一：对特定的分类市场进行竞争分析。了解谁是市场的领导者，目前市场的发展趋势是怎样的，各大供应商在市场中的定位是怎样的，从而对潜在供应商有一个大概的了解。

步骤二：寻找潜在供应商。在对市场进行仔细分析后，可以通过各种公开信息和公开渠道得到供应商的联系方式。这些渠道包括供应商的主动问询和介绍、专业媒体广告、互联网搜索等。

步骤三：安排对供应商的实地考察。邀请质量部门的人员和销售人员一起参加，建立供应商情况登记表。

步骤四：报价分析。报价中含有大量的信息，尽可能要求供应商进行成本清单报价，要求其列出材料成本、人工成本、管理费用等，并将利润率明示。同时，比较不同供应商的报价，对其合理性有初步的了解。

3. 注意事项

（1）在价格谈判之前，一定要有充分的准备，设定合理的目标价格。对小批量产品，谈判的核心是交货期，要求其具有快速的反应能力；对流水线、连续生产的产品，谈判的核心是价格，但一定要保证供应商有合理的利润空间。

（2）隐性成本是非常重要的一点。采购周期、库存、运输等都是看不见的成本，要把有条件的供应商纳入适时送货系统，尽量减少存货，降低公司的总成本。

二、京东 B2B 的 4 种供销模式

FBP：京东给商家一个独立操作的后台，商家五地入库（北京、上海、广州、成都、武汉），从仓储到配送到客服都是京东来操作，京东自营的产品所有能享受的服务，商家

都能享受（支持211限时达、自提、货到付款、POS机刷卡），客户体验值最高。

LBP：京东给商家一个独立操作的后台，商家无须入库，要求订单产生后12小时内将商品包装好发往京东的五地仓库，36小时内到达京东的仓库，由京东为消费者开具发票（需增值税专用发票）。

SOPL：京东给商家一个独立操作的后台，商家无须入库，要求订单产生后12小时内将商品包装好发往京东的五地仓库，36小时内到达京东的仓库，由商家为消费者开具发票（非增值税专用发票）。

SOP：京东给商家一个独立操作的后台，与淘宝商城模式类似，要求订单产生后12小时内发货，由商家承担所有的服务。

FBP是全托管，类似于京东采购模式；LBP不用在京东占用库存，但是要每天发货到京东的仓库；LBP和SOPL的区别在于由京东开发票还是由商家直接开发票给消费者；SOP是直接向消费者发货并开发票。

三、商品需求与评估

每家企业在网络营销运行中，增加新产品或者延长产品生命线是经常出现的工作内容。企业在经营管理决策时需要科学依据，保证商品推向市场后最终盈利的概率。在上新产品前，应进行商品需求与评估，样本参照附件1、附件2。

【实训练习】

一、根据默认的食品（坚果类商品）进行商品选择和渠道获取分析。以生腰果为采购/代理的目标进行训练。（以4人为一小组）

要求：

1. 登录百度，检索腰果的生产地、生产时间、质量标准，消费人群的特征及消费习惯等信息；

2. 分析生腰果的生命周期（消费高峰），分析目前市场上腰果在波士顿矩阵中的位置，以及其在需求层次理论中的位置；

3. 登录阿里巴巴/淘宝网，检索生腰果的供应商信息，收集销量前20名的供应商信息；

4. 了解各地的生腰果批发市场信息、种植农户信息；

5. 咨询供应商生腰果的供货信息，包括质量、价格、运输包装、合作和支付方式等；

6. 确定供应商/代理商/分销商的合作条款或协议，制作供应商情况登记表；

7. 撰写一份 800 字左右的商品采购/分销的分析报告。

备注：课内时间完成不了的训练任务，可以延长到课外完成，时间为一周。

二、应用市场调研、波士顿矩阵、产品生命周期分析法，参考使用产品选择模型，完成网店经营商品的分析和选择。

要求：

1. 罗列本小组预期经营的产品（3 种以上，不多于 20 种）；

2. 分析各种产品的获取渠道（精确到市场或批发商等）；

3. 分析各种产品的市场供需情况；

4. 确定选择小组准备经营的产品；

5. 完成一份 500 字以上的产品选择分析报告。

【参考文献】

[1] 产品生命周期理论. https://wiki.mbalib.com/wiki/产品生命周期理论.

[2] 波士顿矩阵. https://wiki.mbalib.com/wiki/波士顿矩阵.

附件 1：设计需求表

表 1 - 17　　设计需求表

项目接收设计师：________

<table>
<tr><td colspan="4">设计要求</td></tr>
<tr><td>目标/主题</td><td></td><td>受众</td><td></td></tr>
<tr><td>投放位置-1</td><td></td><td>尺寸-1</td><td></td></tr>
<tr><td>交稿时间</td><td></td><td>上线时间</td><td></td></tr>
<tr><td rowspan="5">主要信息</td><td colspan="3">促销价格、促销折扣</td></tr>
<tr><td colspan="3">是否限量、是否有赠品或关联销售</td></tr>
<tr><td colspan="3">促销卖点</td></tr>
<tr><td>对应产品</td><td>链接</td><td></td></tr>
<tr><td colspan="3">特别要求</td></tr>
<tr><td>投放位置-2</td><td colspan="3"></td></tr>
<tr><td>新页面</td><td></td><td>新分类</td><td></td></tr>
</table>

新产品			
素材提供			
图片地址			
文字地址			
参考设计			
项目信息			
项目组		提交时间	
申请人		审批人	

附件2：产品上新评估表

表1-18　　产品上新评估表

规格代码							
名　　称							
款式细目及评估（进价）							
市场预测及评估							
上新策略							
上新评估	A同意上新	B改进上新	C重新评估	D枪毙		评估人	
上新渠道	A天猫	B淘宝	C京东	D阿里巴巴	E其他外网		
商品编码		名　　称		标准售价		POS机售价	
上新时间		首批数量		上新执行人		审　　批	
拍摄说明							
描述说明							
实际上新时间		按时完成		店长满意		签　　字	
销售评估（　）周		销售数量		销售额		毛利率	
活动说明							
客服反馈							
产品结论	淘汰	改进	再评估	正常	审批		
安全库存		淘汰时间		原因			

定价与促销

价格是市场营销组合中唯一能为企业提供收益的因素，又是企业参与市场竞争的重要手段之一。事实表明，定价是否恰当，会直接影响甚至改变消费者的购物原则，进而影响企业产品的销量和利润。因此，如何制定合适的价格，已经成为许多开展网络营销活动的企业竞相关注的焦点。

网络促销是指利用计算机及网络技术向虚拟市场传递有关商品和劳务的信息，以引发顾客需求，唤起顾客购买欲望并促成顾客购买行为的各种活动。

价格和促销是企业营销组合策略的核心内容，是在网络营销经营中除了商品和渠道之外的影响经营结果的重要因素。经营者需要深入研究，以获得市场竞争优势。

【学习目标】

1. 了解网络营销定价和促销的方法；
2. 掌握网络营销定价的流程；
3. 能够应用定价策略、促销策略；
4. 能够通过定价策略获得竞争优势，应用促销策略提高成交量。

【任务引入】

通过市场需求分析、消费者分析、网店自身 STP 定位分析、竞争环境分析，应用定价策略、促销策略为企业（网店）获取市场竞争优势，提高企业整体营业目标。

【相关知识】

网店的商品主要分为活动款、引流款、利润款和形象款四款。如何针对这四款商品进行定价？理论上定什么价格都可以，关键看性价比，只要性价比能促成交易就是正确的定价。因此，性价比的标准就变得至关重要。真正的定价是一个战略性问题，应该从店铺发展的战略角度出发，熟悉网店流量特点和竞争环境，只有这样才能形成相对的性价比指导标准。

一、网络营销定价目标、影响因素及特点

(一)企业的定价目标

1. 以维持企业生存为目标

这种目标只能是企业面临困难时的短期目标，长期目标还是要获得发展，否则企业终将倒闭。

2. 以获取理想利润为目标

选择此目标必须具备一定的条件，即当产品声誉好且在目标市场上占有竞争优势地位时方可采用，否则还应以长期目标为主。

3. 以保持和提高市场占有率为目标

这是企业定价选择的一个十分重要的目标。因此，要实行全部或部分产品的低价策略，以实现提高市场占有率这一目标。

4. 以应付或抑制竞争为目标

这种定价目标一般适用于实力雄厚的大型企业。中小型企业在激烈的市场竞争下一般是以市场为导向，随行就市定价，从而缓和竞争、稳定市场。

5. 以树立企业形象为目标

有些企业的定价目标实行的是“优质优价”，以高价来保证高质量产品的地位，以此来树立企业的形象。

(二)定价的影响因素

影响网络营销定价的因素主要有以下四个：

1. 成本因素

成本是网络营销定价的基础，也是企业维持生存必须考虑的底线。产品成本是由产品在生产过程、流通过程中耗费的物质资料、劳动力成本、营销成本、管理成本等构成

的，可归类为固定成本和变动成本两部分。

2. 供求关系

供求关系是影响企业网络营销定价的重要因素之一。当商品供小于求时，价格一般偏高；当商品供大于求时，价格会低一些；在商品供求基本一致时，销售价格将采用买卖双方都能接受的均衡价格。此外，在供求关系中，商品价格还受供求弹性的影响。一般来说，需求价格弹性较大的商品，可采取薄利多销策略；需求价格弹性较小的商品，可采取适当高价策略。

3. 竞争因素

竞争是影响企业产品定价的重要因素之一。在信息化商业环境比较透明的网络市场，这一影响因素已成为大部分同质化产品和企业的杀手。考虑商品的供求关系及变化趋势，竞争对手的商品定价目标和定价策略以及变化趋势，在实际营销过程中，以竞争对手为主的定价方法主要有三种：低于竞争对手的价格、与竞争对手同价和高于竞争对手的价格。

4. 其他因素

除去上述三个主要因素，市场营销的其他组合因素，如产品、营销渠道、促销手段、消费者心理、财务状况和国家政策等，都会对企业的网络营销定价产生不同程度的影响。

（三）网络营销定价的特点

开放、快捷的互联网使产品的价格信息比较透明，企业、消费者和中间商彼此能够充分地了解。因此，网络营销定价与传统营销定价有很大的不同。网络营销定价的特点如下：

1. 低价位化

（1）互联网成为企业和消费者交换信息的渠道，从多个方面节约了成本，减少了多次迂回交换造成的损耗。

（2）网络营销能使企业绕过许多中间环节和消费者直接接触，进而使企业产品开发和营销成本大大降低。

（3）消费者可以通过互联网掌握产品的各种价格信息，并对其进行充分的比较和选择，迫使开展网络营销的企业以尽可能低的价格出售产品。

2. 全球定价化

传统营销市场在一定程度上存在关税壁垒，但是网络营销市场面对的是开放的和全球化的市场，世界各地的消费者都可以直接通过网络进行交易，而不用考虑网站所属的国家或地区。企业的目标市场已从过去受地理位置限制的局部市场拓展到范围广泛的全球性市场。

3. 价格水平趋于一致化

（1）网络市场是一个开放的、透明的市场。在这个市场中，消费者可以及时获得同类产品或相关产品的价格信息，对价格及产品进行充分的比较，迫使企业努力减少因国家、地区等因素的不同而产生的价格差异，进而使价格趋于一致。

（2）方便、快捷的互联网使消费者能够及时获取各种产品的多个甚至全部厂家的价格信息，真正做到货比多家，这也是迫使商家定价趋于一致化的重要因素。

4. 消费者主导化

网络市场中，消费者能及时获取产品及其价格的各种信息，通过综合这些信息决定是否接受企业报价。因此，在定价时，企业必须考虑消费者的心理特点和价格预期，以消费者为中心，根据生产成本和消费者心理意识到的产品价值综合定价，以赢得消费者认可，实现双赢。

二、网络营销定价方法

（一）网络营销定价方法一

一家以销售为主的网店，商品通常分为四类：引流款、活动款、利润款、形象款。我们所说的网络营销定价，基本上就是把握好这四款商品的定价技巧。

1. 引流款

引流款的主要目的是为店铺引入流量。引流款一般都是大众化的产品，相比于类目属性环境下的竞争对手，有价格或其他方面的优势，从而更利于占领“展示优势”的位置，后期可带来较大的免费流量。引流款不是利润的主要来源，其特点是毛利率低，甚至零利润。

2. 活动款

活动款有三大作用：清库存、冲销量、品牌体验。天猫店铺较多采用聚划算、淘抢购等方式，淘宝店铺多采用天天特价、淘金币等方式。活动款通常都是前期以高于市场均价水平进行销售，后续在活动推广期间进行折扣促销的产品。贪图便宜而购买产品的，一定不是最终端的目标客户。只是因为价格而在活动期购买产品的消费者，其复购率非常低。活动款的主要目的是做品牌体验。

3. 利润款

一家网店大部分的产品都应是利润款。利润款是盈利产品，关乎网店整体的盈利。利润率由市场定价区间中等偏高的估值来定。这类产品流量不大，其流量主要来自引流款和活动款的导入。因此，要做好关联销售，有效提升利润款的销售量。

4. 形象款

形象款应选择一些高品质、高调性、高客单价的极小众产品。可以有 3～5 款，迎合目标客户群体里面的 3～5 个细分人群。形象款应占产品销售中的极小一部分，目的是提升品牌形象。

（二）网络营销定价方法二

1. 新上市产品定价

（1）对花色、款式翻新快的时尚新品，可采用高价定价；

（2）对市场上经营稳定的产品，选择中价定价；

（3）对还未打开市场但有较大潜力的新品，可以把价格定得稍低些（比如设置“新品尝鲜价”），以达到迅速扩大市场占有率的目的。

2. 产品成熟期定价

当市场上同类产品竞争激烈，仿制品和替代品日益增多时，利润也达到顶点，此时的定价也需要调整。

具体操作：将产品价格定得低于同类产品，以排斥竞争者，维持销售额的稳定或进一步增长。重点是正确掌握降价的依据和降价幅度，每次调价幅度控制在 12%以内。

3. 产品衰退期定价

产品衰退期存在两种情况，要根据不同情况采用不同的定价操作：

（1）若新的替代品满足不了需求，那么旧款可以维持一定的市场份额，不急于降价；

（2）若替代品供应充足，消费者转向替代品，则会加速老产品退出市场的速度，此时应果断降价，以保证销量、回收投资。

（三）涨价与降价

1. 涨价

什么情况下涨价？例如：前期低价冲销量，后期就要涨价，因为经营的基本目标是盈利，这样才可以生存。既然要赚钱，就得考虑你的投资和市场，到了一定时候，必须涨价以获取盈利。涨价一般采取阶梯式，不能大幅度涨价，每次涨价不要超过12%，超过12%就会影响转化率。涨价的考核标准是转化率，而不是简单看销量，也不是说达到多少销量才能涨价。如果转化率高于同行均值，就可以涨价。

2. 降价

如果确定是因为价格过高而影响了转化率，那么就要考虑降价。降价之前最好能通过发放优惠券的方法测试一下，如果效果好，那么随时可以降价。降价幅度同涨价一样，一次不要超过12%，也是以转化率为标准。

三、网络促销

（一）网络促销的作用

（1）告知功能。网络促销能够把企业的产品、服务、价格等信息传递给目标受众，引起他们的注意。

（2）说服功能。网络促销的目的在于通过各种有效的方式，消除目标受众对产品或服务的疑虑，说服目标受众坚定购买决心。企业通过网络促销活动，宣传自己产品的特点，使消费者认识到企业的产品可能给他们带来的特殊效用和利益，进而乐于购买本企业的产品。

（3）创造需求。运作良好的网络促销活动，不仅可以诱导需求，而且可以创造需求，发掘潜在客户，扩大销量。

（4）稳定销售。由于某种原因，一个企业的产品销量会时高时低，波动很大。企业通过适当的网络促销活动，树立良好的产品形象和企业形象，往往有可能改变消费者对本企业产品的认识，使更多的消费者形成对本企业产品的偏爱，达到稳定销售的目的。

（5）反馈功能。促销过程中能够获取更多的潜在客户咨询以及实际交易的数据和信息，信息的准确度高、可靠性强，对企业经营决策具有较大的参考价值。

（二）常见的网络促销方式

（1）打折促销。常见方法有：1）限期折；2）名次折（前 n 名购买者折扣）；3）会员折（老顾客维护）。

（2）满就送（减）/关联销售。常见方法有：1）买 A 送 B；2）买 A，B 半价；3）买 m 个，送 n 个；4）买 A，加 m 元送 B；5）满 m 元，返还 n 元（返还现金）。

（3）包运费。常见方法有：满 m 件或 m 元，包平邮/快递。

（4）优惠券。常见方法有：1）定期向老顾客发放；2）平台设置限量领取；3）买满多少送优惠券。

（5）免费试用。设立免费试用条件，让顾客申请，最终只有小部分人能获得。

（6）天天特价。定位为淘宝网小卖家扶持平台，专门扶持有特色的货品、独立货源、有一定经营潜力的小卖家。为小卖家提供流量增长、营销成长等方面的支持。其报名、审核、排期和展现均为系统自动处理，不收取任何费用。

（7）拍卖。一元拍，荷兰拍。

（8）团购。常见方法有：聚划算、美团、糯米团等。

（9）会员制度/积分。大部分的网站都有这一项功能，会员购物可以在交易中自动打折。

（10）赠送红包。支付宝的功能，在支付宝账户里冻结一部分钱，作为红包资金送给顾客。

淘宝网店内基本促销工具和全站促销工具展示分别如图 1－11、图 1－12 所示：

图 1－11　淘宝网店内基本促销工具

图 1－12　淘宝网全站促销工具

(三) 网络促销实施程序

网络促销实施程序由以下六个步骤组成:

1. 确定网络促销对象

网络促销对象是针对可能在网上产生购买行为的消费者群体提出来的。这一群体主要包括三部分人员:产品的使用者、产品购买的决策者、产品购买的影响者。

2. 设计网络促销内容

网络促销的最终目的是引起购买,这个最终目的是要通过设计具体的信息内容来实现的。消费者的购买过程是一个复杂的、多阶段的过程,促销内容应根据购买者所处的购买决策过程的不同阶段和产品所处的生命周期的不同阶段来决定。

3. 决定网络促销组合方式

网络促销活动主要通过网络广告促销和网络站点促销两种方式展开。由于企业的产品种类不同、销售对象不同,促销方法与产品种类和销售对象之间会产生多种网络促销的组合方式。企业应根据自己产品的市场情况和消费者情况,扬长避短,合理组合,以达到最佳的促销效果。

4. 制订网络促销预算方案

在网络促销实施过程中,首要任务是预算方案的制订,包括:

(1) 需要确定网络促销的目标;

(2) 必须明确网上促销的方法及组合的办法;

(3) 需要明确希望影响的是哪个群体、哪个阶层,是国外的还是国内的。

5. 衡量网络促销效果

网络促销实施过程中,必须对已经执行的促销内容进行评价,衡量促销的实际效果是否达到了预期的促销目标。

6. 加强网络促销过程的综合管理

主要是对执行过程的有效性进行控制和管理。

【任务实施】

表 1-19　任务实施步骤

步骤	操作要求和说明
一、了解市场及竞争对手	1. 登录淘宝网（http://www.taobao.com） 2. 依次输入香榧、碧根果、山核桃、开心果 3. 分析这 4 款产品销量最大的 8 家店铺，其商品销量、价格以及采用的促销方式
二、定价	1. 根据坚果类商品竞争分析，选择香榧、碧根果、山核桃、开心果 2. 假设这 4 款商品分别是引流款、活动款、利润款、形象款，请为这 4 款商品定价 3. 每年 12 月至第二年 1 月是坚果的消费高峰，分析利润款商品定价的变动与策略 4. 9 月香榧上市，请根据产品生命周期为其定价
三、促销	1. 根据坚果类网店的分析情况，选择香榧、碧根果、山核桃、开心果 2. 制订促销预算方案 3. 为店铺设置满就送、买满包邮、限时折扣、优惠券促销 4. 设置全站的促销活动：天天特价、淘金币、免费试用
四、策略应用（涨价、降价）	1. 分析香榧在什么情况下适合涨价 2. 分析香榧在什么情况下应该降价
五、效果评估	定价策略、预算方案、促销方式应用、访问量、销售额

【评价反馈】

表 1-20　评价反馈

评分项目	评分标准	分值	得分
定价	定价策略的使用>3 种，利润款定价区间计算	30	
促销	促销方法的使用>3 种，促销方法分析	30	
促销与预算方案	促销内容方案，预算方案	20	
效果分析	访问量提升>200，周销售额提升>3%	20	
合计		100	

【知识拓展】

一、企业定价策略的应用

1. 新产品定价策略

常见的新产品定价策略有三种：1）撇脂定价策略；2）渐取定价策略；3）中间定价策略。

2. 商品阶段定价策略

商品阶段定价策略是指在对商品生命周期进行分析的基础上，依据商品生命周期不同阶段的特点而制定和调整价格。主要方法有：1）试销期定价策略；2）畅销期定价策略；3）饱和期定价策略；4）滞销期定价策略。

3. 折扣价格策略

折扣价格策略是企业为调动各方面积极性或鼓励消费者做出有利于企业的购买行为而采取的策略。常见的有以下四种：1）数量折扣策略；2）季节折扣策略；3）现金折扣策略；4）业务折扣策略。

4. 心理定价策略

常用的心理定价策略有以下六种：1）组合定价策略；2）尾数定价策略；3）整数定价策略；4）期望与习惯定价策略；5）安全定价策略；6）特价品定价策略。

5. 相关商品定价策略

相关商品是指与本商品在最终用途和消费购买行为等方面具有某种相互关联性的商品。相关商品定价策略主要有：1）互补商品定价策略；2）替代商品定价策略。

6. 地理定价策略

主要包括：1）FOB 产地定价策略；2）统一交货定价策略；3）区域定价策略；4）基点定价策略；5）免收运费定价策略。

二、网络促销知识点补充

（一）网络促销的推进

在促销活动进行的同时，需要这样进行推进：1）用户调研；2）执行方案；3）团队安排；4）活动节奏掌控；5）备用方案；6）应急方案及措施；7）结果处理、分析；8）价格梯度。

促销活动的终极目标是销量，但是也不能只看销量，通过活动我们可以得到的数据很多，如流量、跳失率、转化率、客单价，这些数据都是非常有用、非常值得我们深入分析的。哪些数据好，哪些数据差，为什么差，都可以在今后的活动中加以改善和优化。毕竟，只有了解消费者的喜好和需求，才能做到迎合消费者的胃口，才能赢得市场。

（二）网络促销与传统促销的区别

虽然传统促销和网络促销都是让消费者认识产品，引发他们的注意和兴趣，激发他们的购买欲望，并促使他们最终实现购买行为，但由于互联网强大的通信能力和覆盖范围，网络促销在时间和空间观念上、在信息传播模式上以及在消费者参与程度上都与传统的促销活动有较大的区别。

1. 时空观念的变化

以产品流通为例，传统的产品销售和消费者群体都受地理半径的限制，而网络营销突破了这个半径，使之成为全球范围的竞争；传统的产品订货都有时间的限制，而在网络上，订货和购买可以在任何时间进行。时间和空间观念的变化要求网络营销者随之调整自己的促销策略和具体实施方案。

2. 信息沟通方式的变化

多媒体信息处理技术提供了近似于现实交易过程中的产品表现形式。双向的、快捷的、互不见面的信息传播模式，将买卖双方的意愿表达得淋漓尽致，也留给对方充分思考的时间。在这种环境下，传统的促销方式显得软弱无力。

3. 消费群体和消费行为的变化

在网络环境下，消费者的概念和消费行为都发生了很大的变化。上网购物者是一个特殊的消费群体，具有不同于消费大众的消费需求。这些消费者直接参与生产和商业流通的循环，他们普遍大范围地选择和理性地购买。这些变化对传统的促销理论和模式产生了重要影响。

4. 对网络促销的新理解

网络促销虽然与传统促销在促销观念和手段上有较大差别，但推销产品的目的是相同的。一方面，应当理解这种依赖现代网络技术、互不见面、完全通过互联网交流思想和意愿的产品推销形式；另一方面，应当通过与传统促销的比较去体会二者之间的差别，吸收传统促销方式的整体设计思想和行之有效的促销技巧，打开网络促销的新局面。

【实训练习】

根据默认的食品（坚果类商品）给店铺商品定价并开展适当的促销活动，以获取市场竞争优势，提升网店整体销量和销售额。(以4人为一小组)

要求：

1. 登录注册的淘宝卖家中心；
2. 分析坚果销量最大的前8家店铺的销售量、定价、促销手法；
3. 根据店铺运营目标，确定店铺引流款、活动款、利润款、形象款的定价；
4. 制订促销预算方案；
5. 根据目标，设置店内活动促销，如满就送、包邮、优惠券、限时折扣；
6. 设置全站促销活动，如天天特价、淘金币、免费试用；
7. 撰写一份800字左右的定价与促销分析报告。

备注：课内时间完成不了的训练任务，可以延长到课外完成，时间为一周。

【参考文献】

[1] 商品定价攻略：怎样给宝贝定价 . http://info.hhczy.com/article/20140922/23308-1.shtml.

[2] 网络促销 . https://baike.baidu.com/item/网络促销 .

项目二
网络营销推广

任务五 平台电商营销
——爆款打造

网络营销核心内容是围绕公式“成交额＝访问量×转化率×客单价”展开的。本任务训练和研究影响成交额的三大因素中的访问量因素，训练内容是应用爆款打造的营销方式来提升网店访问量。

【学习目标】

1. 熟悉爆款打造的作用和方法；
2. 掌握爆款打造的操作流程；
3. 能够使用爆款打造来提升网店访问量。

【任务引入】

根据网店提升访问量的目标，对店铺坚果类商品经营情况进行分析，选择其中一款商品进行爆款打造。爆款引导消费者进入网店，起到网店数据入口的作用，用以提升店铺流量和销售额。

【相关知识】

商家在电子商务平台开店经营依然是目前电子商务的首选。从成交总额（GMV）或月活跃用户数（MAU）的角度来评价，淘宝/天猫商城、京东商城、拼多多依然是平台电商的寡头企业。淘宝/天猫商城、京东商城、拼多多、苏宁云商等大平台占据了我国电子商务市场约67%的市场份额。平台之间虽然有一定的差异，但是平台营销的基本理念是一致的。平台网店经营中，打造爆款商品的能力高下是衡量一家店铺运营成功与否的关键指标。

爆款是指那些销量特别大的某一个单品或某一类商品。网店通过打造某一个明星商品获取流量，进而为下一步的购买转化做准备。打造爆款是为了提升网店的曝光量，积累人气，提升排名和销量，以及带动店铺的关联销售，从而提高整体销售额，获得更多利润。

“无爆款，不店铺”一直是网店运营的核心内容。虽然淘宝网 2015 年的新规中降低了销量的权重，提升了转化、评价等因素的权重，但目前这一指标还是影响消费者购买行为习惯和淘宝网自然搜索排序的重要因素，它影响网店的综合指数（DSR）权重得分，并最终影响商品在显示页面的排位。

淘宝网搜索结果中，有综合排序、人气排序、销量排序、信用排序和价格排序五种。日常网店在运营中，电商产品结构定位有四类产品，分别是引流款、利润款、活动款、形象款。结合淘宝网商品展示规则，爆款依然是一个店铺生存和发展的重要条件。

二八定律（原则），又名 80/20 定律、帕累托法则。在对宁波地区的部分连锁企业实体店铺的调研中我们发现，不仅店铺 80％的利润来自 20％的顾客，而且店铺通常只有 20％的商品热销，其他 80％的商品销量很少，但这 80％的商品一旦减少或撤柜，将影响另外 20％的商品的销量。结合校企合作的天猫旗舰店和京东商城店数据分析我们发现，网店也存在同样的情况。也就是说，能正常运营盈利的店铺都有 20％的热销商品，这就是我们要研究的爆款。只是对于网店来说，爆款不仅影响最终的销售额，而且影响网店的综合指数。

爆款一般是指能进入商品主要关键词销量排名第一页的商品，常指前 4 排 16 个商品。因此，打造爆款的第一步是计算出打造爆款所需要达到的数量，即前面 4 排 16 个商品的销量加权平均数。通过市场调研我们发现，在购买非标准商品时，选择按销量排序的人约占 31％；在购买标准商品时，选择按销量排序的人约占 20％。数据显示，从众心理在网购中影响明显。

一、爆款打造基础

1. 爆款产生的原因

（1）羊群效应。调研数据显示：消费者具有从众心理，一个产品有了很多人购买，大家自然而然会觉得该产品不错。

（2）购买记录和评价。购买记录本身是对这一产品的肯定，评价则能透露出更多信息。特别是不好的评价，使该产品信息展示得更加完整和真实，能让消费者全面了解，更容易做出是否购买的决定。

（3）淘宝网推荐策略。淘宝网是单品为王，主推商品而不是商家。有一个形象的比喻可以说明这一点：传统店铺，客户都是从门里进来的，而在淘宝网，客户是从窗户进来的。淘宝网单品入口的流量通常超过主页。热卖的商品，权重高会被推荐到前面，为整个店铺带来巨大的流量。

2. 打造爆款的作用

(1) 爆款是网店的数据入口;

(2) 爆款能直接拉动店内的关联销售,从而带来直接的利润;

(3) 爆款能带来好的口碑,提高店内的DSR动态评分;

(4) 爆款可以提高产品销量,提高店铺及宝贝排名,使自然流量增多,节约广告投入。

二、产品选款和测款

(一) 产品选款

打造爆款的第一步是在店铺中挑选1~2款产品进行测试,最终确定适合用来打造爆款的产品。选款的原则一般包括以下5个:

(1) 必须有库存以及良好的供货渠道,保证货源充足。只有在确保库存足够的情况下才能推广,否则会导致爆款推起来后没有货发,或不能按约定时间发货。预售也可以,但得在产品详情页中说明发货时间。

(2) 所选产品在市场上应有一定的竞争力。选择当期热销的,不能是过时的产品,选择点击率、转化率、停留时间、收藏数量高的产品。

(3) 必须有高的性价比。价格不能太高,同时质量也要过关。

(4) 分析市场,赢得先机。不能总跟随市场上已经销售成功的爆款。即便现阶段比较畅销,但当进货后上架的时候,这款产品可能已经过了销售的旺季,也就失去了其爆款的价值。需要做的是分析产品的市场趋势。

(5) 尽量选择卖点鲜明的产品。

(二) 产品测款

测款,即针对初选的产品进行销售测试,通过消费反馈对产品进行综合评估,为最终的定款提供数据依据。因为刚开始正式打造爆款,产品基础一般,所以直通车可根据自身情况去投放。通常有两种做法:一是低价引流测款;二是高价烧车测款。低价引流测款的方式比较经济实惠。测款流程如下:

(1) 明确要测款的产品,做好标题、详情页、营销文案、关联等。

(2) 选择两款产品进行测试,做两个计划,每个计划建四个创意,要有不同的推广图片、标题，注意标题和图片营销文案以及后期所选关键词的相关性，然后轮播展示。如果要测更多款，可以再制订其他计划。在同一个计划里，测试两个款。

（3）测款。首选站内流量进行测款。因为是利用低价引流方式，直通车的投放量不大，所以标题中的关键词选取很重要。农副产品适合选择精准性的关键词，服饰类产品则适合选择广泛性的关键词。

（4）投放地区。以服装类目为例，由于测款大部分集中在换季初期，因此要根据不同地区对产品的需求区别投放。更好的参考是根据淘宝指数的“搜索地区”功能，或者其他可以分析地区的工具。如果店铺一直在操作直通车，直通车后台是可以看到哪些地区点击率高、哪些地区搜索量大的，可以依据结果调整投放地区。

（5）投放时间。为了使产品可以获得较多的展现，上午8点开始投放，直到晚间12点结束。测试期间，尽量多地做些无线端流量。因为无线端流量大，容易获取直观数据，点击率、收藏都好弄。至于具体哪个时段最佳，可结合自身店铺的流量分布去调整，这样更有针对性。

以上设置好之后，就可以开始稳定地投放了，并关注相关的直通车变动情况。因为是低价引流，选词、出价都是比较低的，测款周期也比较长，基本在3～5天。这期间需要关注的是点击量、点击率、投产比、转化率、成交笔数、收藏、加购物车，然后针对有数据反馈的这些关键词进行分析，删减一些无用的词，增加其他一些词。

（三）测款数据指标

1. 点击率

点击率直接反映买家是否对产品感兴趣。有潜力的产品在没什么销量的条件下依然可以获得较高的点击率。图片的设计创意也有很大影响，因而尽量不要搞趣味创意，简单直接才能反映真实有效的数据。

2. 收藏、加购物车

收藏和加购物车的数据反映了这款产品的潜力，收藏、加购物车越多，说明潜在买家越多，全力引流后，转化为客户的概率越高。通常，收藏、加购物车的比重在15%～30%属于高水平。

3. 转化率

转化率直接反映买家对这款产品的认可度。如果产品刚开始做测试就有很高的转化率，那么这款产品适合打造成爆款，在后续的推广力度下可以有更大的销量。转化的数值和行业持平，也是不错的表现。

4. 页面停留时间、访问深度

停留时间越长，说明买家对产品看得越多，购买这款产品的可能性越大。同时，这个数据主要是为了更好地优化产品详情。

5. 跳失率

跳失率越高，说明产品越不受欢迎，吸引力不强，前提是产品的内页已做好。

三、爆款打造操作流程

（一）筛选期（明确目标）

打造一款爆款之前，首先要明确目标：爆款销量目标是多少？选择哪款商品？投入多少广告预算？然后对市场及商品进行分析、分解、调研，以商家的身份分析市场，从消费者的角度分析其对商品的需求。

（1）以商家的身份调查市场，了解市场环境，从而确立爆款目标销量。一般根据搜索关键词查看行业销量前 4 排的商品，确定自己的目标销量、店铺日均 UV、日销量，根据所选推广工具计算出推广预算是否在店铺可承受范围之内。

（2）从消费者的角度选择商品。可以选择直通车测试法。从店铺内选择 5～6 款比较有潜质的商品，同时加入直通车测试一周。然后根据直通车转化情况，从数据出发，转化成交高者胜，筛选访客数多、平均访问时间长、跳失率低的潜力单品，进行爆款培养。爆款的价格要低于店铺的平均客单价，同时利用生意参谋等软件找出竞争对手的热销商品。

（二）培养期（投放推广）

确定要打造的商品后，便进入爆款培养阶段。进行投放推广需要完成以下 4 方面内容：

1. 优化商品，调整页面

三要素：主图、标题、价格。商品主图是否传递出商品的卖点与利益点？商品详情页中，卖点有没有突出？有没有细节展示、多角度展示？是否有售后保障？是否从消费者角度出发，打消并解决了消费者的疑虑与问题？等等。

2. 推广引流

推广工具有秒杀、限时折扣、满就送、包邮、优惠券、搭配销售等，可以通过一些优惠促销来刺激买家，让其在最短的时间内做出购买的决策。根据店铺情况及之前的推广预算，选择合适的推广方式。如果以直通车为主，应对直通车进行调整，筛选关键词，调高出价，修改推广内容，更替图片进行测试。

3. 客服推荐与反馈

商品设计花费时间优化页面，运营推广花钱花力引入流量，最后一步是销售环节的客服营销转化技巧培训。不定时抽查客服人员的聊天记录，搜集消费者的反馈信息，看客服人员是否进行了重点推荐等。从客服人员反馈的信息中获知消费者关注的信息，从而进一步调整。

4. 老顾客营销

向老顾客营销，精准度高，所以利用老顾客的资源进行爆款的初始推广具有绝对的优势。日常工作中建立 QQ 群、微信群，维护老顾客。老顾客营销加上推广工具的使用，使资源互相交叉，销量上升会很快。

5. 合法刷单

推荐老顾客和朋友圈的伙伴们购买，待其收货好评后返其佣金，或者以低折扣的亏本价格吸引老顾客和圈内朋友购买以增加成交量。

（三）成长期（加大推广、数据监测与跟踪）

对商品各项运营数据的监测及跟踪是最核心的要点。根据数据分析，能够确定成长期的工作重点与方向。在培养期，商品已经有一定的销量，流量基本稳定，转化也趋于稳定。此时，应该加大流量，主要方法有以下 4 个：

1. 优化标题

自然搜索是淘宝网最优质的免费流量。在培养期，商品已经有了一定的销量基数，这时，标题关键词中可以加入热度词。改过一个关键词后，基本上 15 分钟后就能看到是否有效果。

2. 加大推广力度

继续优化关键词，测试提升点击率，提升质量得分，从而调整出价排名。删除质量得分低的关键词和无转化且点击成本高的关键词。另外，单靠关键词所带来的流量有限，类目出价和定向出价也要开通。开通了类目出价和定向出价后，相对应的直通车的流量正常情况下会提升。

3. 店铺内流量导入

店铺内流量导入可以从三方面入手：1）店铺首页的横幅广告推荐导入；2）商品详情页推荐导入；3）左侧栏推荐位推荐导入。

4. 免费活动流量

在成长期，需要大量的流量导入，除了自然搜索、推广工具的使用外，还能供我们利用的资源当属活动资源。这时候可利用各种活动资源进行流量冲锋。打造爆款需要综合应用各种营销推广工具，论坛、博客/微博、QQ群、微信群等促销信息的宣传也要相应加大力度。

（四）成熟期（反馈分析）

在成长期疯狂增长后，商品的流量、转化率、销量等都已接近峰值。此款商品的转化率基本达到7%～8%，销量大幅提升，各项数据均达到峰值。

打造爆款能否达到最终的目标，关键看执行操作过程中能否关注每个细节。例如：转化率上不来，除了商品页面问题外，客服人员有没有推荐？顾客的评价是否反映了一些问题？搜索流量下降，是因为商品标题进行了调整、商品被投诉降权，还是因为搜索规则发生了变化？从结果中寻找问题、寻找原因，从而找出对应的解决方案，直至解决问题。

【任务实施】

表2-1 任务实施步骤

步骤		操作要求和说明
一、筛选期	选款	1. 分析网店现有商品的浏览量、页面停留时间、转化率和销量 2. 分析预选商品的收藏人气、库存、页面停留时间、跳失率 3. 筛选确定2～3款商品
	测款	1. 利用QQ、微信、短信，向老顾客发放优惠券，让老顾客优先选择商品 2. 利用博客/微博、论坛进行推广，上直通车、淘宝客推广 3. 判断流量、转化率、销量
二、培养期		1. 根据前期数据进行SEO优化 2. 客服话术培训

续前表

步骤	操作要求和说明
三、成长期	1. 淘宝客、直通车加大力度 2. 深化 SEO、详情页转化率监控优化 3. 博客/微博、帮派造势 4. 申报站内站外活动
四、成熟期	1. 维系引爆阶段的活动，增加回馈活动 2. 爆款连带效应——以老带新，梯级成长 3. 详情页关联销售方案
五、效果评估	商品的曝光量、访问量、转化率、销量等

【评价反馈】

表 2-2　　评价反馈

评分项目	评分标准	分值	得分
选款流程	选款方法及流程，测款方式及效果	30	
免费推广工具应用、付费推广工具应用	爆款培养期，对论坛、博客/微博的推广应用；直通车、淘宝客、其他付费推广的应用	30	
曝光量与流量	商品曝光量>500，点击量>60	20	
转化率与销量	商品转化率达到 1%，有 5 件以上的销量	20	
合计		100	

【知识拓展】

一、爆款打造失败的原因及解决方法分析

1. 失败原因

（1）对打造爆款没有清晰的认知，不知道从何处下手，没有具体的步骤和方法。

（2）商品详情页没有做好，商品本身没有测试，对同行没有进行对比分析，以确定自己的优势。

（3）遇到问题解决方法错误。例如：频繁修改标题、主图。

（4）没有统计数据的习惯，而是粗鲁地运营打造爆款。一旦出现问题，无法找到原因。

2. 解决方法

针对以上失败原因，有以下几个解决方法：

（1）选定一款商品，打开生意参谋软件，分析其市场行情；

（2）从市场行情中淘词，选取商品对应的核心关键词，越匹配越好；

（3）将选好的关键词放到阿里指数中，从搜索量、年龄段等方面进行分析；

（4）用钻石展位自定义法、直通车单品法、直通车店铺推广法、店内导流法等方法测款；

（5）设计出爆款未来1个月的推进计划，包括流量、转化率、直通车何时介入、创意如何做、测试主图等；

（6）安排“买家秀＋文字评论”内容，准备布局评价内容；

（7）策划好详情页内容，进行价格评估，标题优化进阶方案；

（8）每日更新微淘、博客/微博，与粉丝形成互动，引导更多的买家关注店铺动态；

（9）形成互动之余引导更多的买家去做社区分享。

二、爆款后续工作——推出新品

一种产品进入市场后，其销量和利润都会随时间推移而改变，呈现由少到多再由多到少的过程，就如同人的生命一样，由诞生、成长到成熟，最终走向衰亡。这就是产品的生命周期现象。

根据产品的生命周期理论，处于衰退期的产品即将下线，这时不可以盲目订货，最好清理库存，在下一个爆款来临之前把库存清完。一定要在产品下市以前找到新的产品重新打造爆款。

【实训练习】

对坚果类目店铺的商品进行分析。初选符合基本条件的商品，通过测试后，应用免费和付费的推广方式，进行爆款的打造。提高小组网店的曝光量、访问量和转化率。(以4人为一小组)

要求：

1. 为坚果类目店铺选择欲打造爆款的商品。

2. 根据店铺现状及经营目标，分析爆款打造4个时期的工作内容：

（1）筛选期（明确目标）；

（2）培养期（投放推广）；

（3）成长期（加大推广、数据监测与跟踪）；

（4）成熟期（反馈分析）。

3. 结合爆款打造流程撰写一份工作任务进度表。

4. 撰写一份500字左右的爆款打造分析报告。

【参考文献】

［1］新手运营打造爆款的血的教训 . http：// www. siilu. com/20150227/125283. shtml.

［2］电商产品结构定位中的四类产品：引流款、利润款、活动款、形象款 . https：// club. 1688. com/ threadview/45199406. html?forumId=1022314.

［3］打造爆款不得不知的测款技巧 . http：// www. kaitao. cn/article/20160612105 1380321. htm.

附件：××公司2019年新开设的天猫商城爆款打造计划

表2-3　××公司2019年新开设的天猫商城爆款打造计划

<table>
<tr><th>目的（O）</th><th colspan="2">目标（G）</th><th colspan="3">策略（S）</th><th colspan="3">衡量（M）</th><th colspan="5">行动方案（T）</th></tr>
<tr><td rowspan="14">单店相册类目排名前8，够4人基本运营费用</td><td colspan="2" rowspan="8">全年目标销售额330万元</td><td colspan="3" rowspan="3">爆款打造</td><td colspan="3" rowspan="3">爆款综合搜索排名前10</td><td colspan="5">月销量持续增加后稳定</td></tr>
<tr><td colspan="5">关键词优化，直通车及钻石展位定向配套，评价、问答及时维护</td></tr>
<tr><td colspan="5">花色持续更新，根据消费者意见适时进行微改进</td></tr>
<tr><td colspan="3" rowspan="3">次爆款打造</td><td colspan="3" rowspan="3">2款次爆款二级词综合搜索排名前10</td><td colspan="5">选择精准度高的单品作为次爆款，通过旺旺、微信做好客户体验，带动次爆款销量</td></tr>
<tr><td colspan="5">关键词优化，直通车及钻石展位定向配套，评价、问答及时维护</td></tr>
<tr><td colspan="5">和市场产品有明显的差异</td></tr>
<tr><td colspan="3" rowspan="2">全店动销率提升</td><td colspan="3" rowspan="2">全店动销率80%以上</td><td colspan="5">固定会员日、直播时间，微淘定时更新及互动</td></tr>
<tr><td colspan="5">运作微信公众号，吸引粉丝浏览关联销售，客单件在2件以上</td></tr>
<tr><td colspan="2" rowspan="6">全年店铺价值42万元</td><td colspan="3" rowspan="2">广告占比</td><td colspan="3" rowspan="2">ROI控制在1∶1.8以内</td><td colspan="5">直通车、钻石展位</td></tr>
<tr><td colspan="5">麻吉宝、淘宝客</td></tr>
<tr><td colspan="3" rowspan="2">商品成本占比</td><td colspan="3" rowspan="2">商品成本占比小于50%</td><td colspan="5">结构工艺改进，降低成本价格</td></tr>
<tr><td colspan="5">产品相对集中，增加爆款产量</td></tr>
<tr><td colspan="3" rowspan="2">物流包装成本占比</td><td colspan="3" rowspan="2">物流包装成本占比小于10%</td><td colspan="5">相册规格统一，赠送配件统一</td></tr>
<tr><td colspan="5">做好服务，减少售后</td></tr>
<tr><td>月份</td><td>1月</td><td>2月</td><td>3月</td><td>4月</td><td>5月</td><td>6月</td><td>7月</td><td>8月</td><td>9月</td><td>10月</td><td>11月</td><td>12月</td><td>合计</td></tr>
<tr><td>销售额（万元）</td><td>10</td><td>10</td><td>12</td><td>18</td><td>25</td><td>32</td><td>36</td><td>36</td><td>36</td><td>35</td><td>45</td><td>35</td><td>330</td></tr>
<tr><td>店铺价值(万元)</td><td>0</td><td>0</td><td>1.2</td><td>2.7</td><td>2.8</td><td>4.8</td><td>5.2</td><td>5.2</td><td>5.2</td><td>4.2</td><td>5.5</td><td>5.2</td><td>42</td></tr>
<tr><td>爆款销量（件）</td><td>1 000</td><td>1 000</td><td>1 200</td><td>1 800</td><td>2 500</td><td>3 200</td><td>3 600</td><td>3 600</td><td>3 600</td><td>3 500</td><td>4 500</td><td>3 500</td><td>33 000</td></tr>
<tr><td>次爆款销量(件)</td><td></td><td></td><td></td><td></td><td></td><td></td><td></td><td></td><td></td><td></td><td></td><td></td><td></td></tr>
<tr><td>爆款销量占比</td><td>69%</td><td>69%</td><td>69%</td><td>69%</td><td>69%</td><td>69%</td><td>69%</td><td>69%</td><td>69%</td><td>69%</td><td>69%</td><td>69%</td><td>69%</td></tr>
</table>

淘宝联盟推广

——淘宝三驾马车投放

企业网络营销体系构建的核心内容模块是平台营销。平台营销除了爆款打造以外，还有一个重点工作就是使用平台重点推广工具以获取平台流量。本任务的训练内容是应用淘宝直通车、淘宝客、钻石展位的营销推广方式来提升网店访问量。

【学习目标】

1. 熟悉淘宝直通车、淘宝客、钻石展位的作用和方法；
2. 掌握淘宝直通车、钻石展位的操作流程；
3. 能够使用淘宝直通车、钻石展位来提升网店访问量。

【任务引入】

根据网店提升访问量的目标，对店铺坚果类商品经营情况进行分析，应用淘宝联盟推广的营销推广方式来提升网店的曝光量和点击率。通过对淘宝联盟推广的应用，提升店铺流量和销售额。

【相关知识】

网盟就是网站的广告联盟，由大量的网站组成联盟并通过联盟平台帮助广告主实现广告投放。它是精准投放广告的方式之一，主要是把广告主的广告挂到相应的行业网站上。投放的网站可以由广告主自行选取，投放的广告以文字、图片等形式出现。对于网站主特别是大量个人站长来说，网盟是网站盈利的重要方式。而对于广告主而言，网盟推广实际上是搜索引擎推广的延伸。我们做SEO或者竞价排名，借用的仅是搜索引擎这个平台；当我们在网盟上推广时，借用的是大量的网站。总体来看，网盟推广虽然没有搜索引擎推广那么精确，但是它却覆盖了潜在客户更多的上网时间。其收费模式有按点击收费、按展现收费等。

目前，我国广告市场中占有率和影响力较大的网盟有 Google Adsense、百度联盟、淘宝联盟（见图 2-1）、腾讯广告联盟、搜狗网盟等。

图 2-1　淘宝联盟（淘宝三驾马车）

企业的销量由线上销量和线下销量构成。线上销量来源分为直销店、分销店、淘宝客。淘宝三驾马车的内容和其他推广工具的核心目标一致，是围绕网店提升访问量和转化率。大部分企业是围绕打造店铺爆款展开业务。近几年的市场调研发现，淘宝和京东的大部分商家在新产品进入市场时，普遍采用高佣的淘宝客进行推广，待储备了一定销量和人气之后再提价销售，从而打压对手的同时获取了市场和利润。

一、淘宝直通车推广

淘宝直通车是为专职淘宝卖家量身定制的、按点击付费的效果营销工具，为卖家实现商品的精准推广。它是由阿里巴巴集团下的雅虎中国和淘宝网进行资源整合而推出的一种全新的搜索竞价模式。其竞价结果在淘宝网（以“图片＋文字”的形式显示）展示，位于搜索页面的右边和最下方。每件商品可以设置多个关键词，卖家可以针对每个竞价词自由定价，并且可以看到在淘宝网上的排名位置。

1. 淘宝直通车的功能

（1）全店推广；

（2）爆款打造；

（3）潜力培养；

（4）库存清仓。

2. 淘宝直通车推广方式

（1）商品推广（包括关键词推广、定向推广）；

（2）店铺推广。

3. 淘宝直通车投放三要素

（1）投放关键词；

（2）投放对象；

（3）投放排位。

4. 淘宝直通车推广搜索核心内容

（1）类目出价的开通；

（2）关键词的匹配；

（3）关键词质量得分；

（4）关键词设置思路。

5. 淘宝直通车推广流程

（1）后台充值开通账户；

（2）选择推广计划；

（3）选择商品；

（4）编辑推广内容；

（5）选择关键词；

（6）启用类目出价；

（7）设置默认出价；

（8）完成商品推广。

6. 质量得分

直通车作为一种付费推广工具，其扣费方式为：扣费＝下一名出价×下一名质量得分/本人质量得分＋0.01元。我们可以看到，质量得分关乎费用和排名。淘宝直通车关键词的质量得分越高，每次点击的费用就越低，同时，商品推广信息的展现排名也会随质量得分的提高而升高。所以说质量得分是淘宝直通车的一个关键因素。质量得分主要用于衡量关键词与商品推广信息和淘宝网用户搜索意向之间的相关性，其计算依据涉及多种因素，核心组成部分如下：

（1）关键词相关性，即关键词和商品本身信息的文本相关性；

（2）类目相关性，即关键词和商品所属类目的相关性；

（3）属性相关性，即关键词和商品属性的相关性；

（4）其他相关因素，如 DSR、淘宝网用户对商品推广信息的反馈等。

在推广过程中，可以通过后台监控关键词的质量得分和排名情况（见图 2－2）。

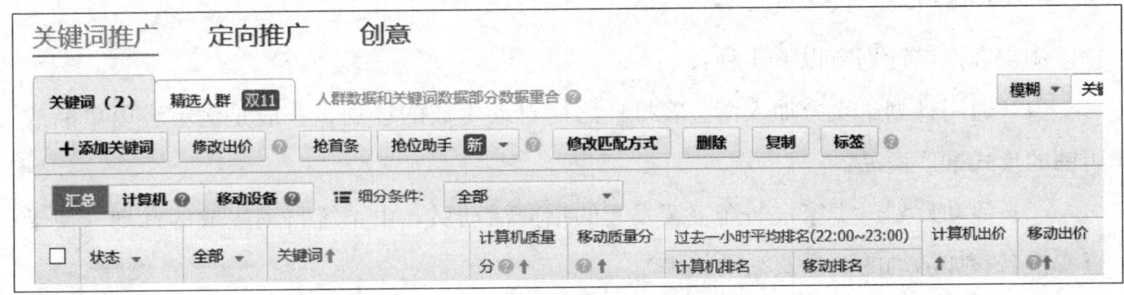

图 2－2　淘宝直通车推广后台

二、淘宝客推广

淘宝客推广是专为淘宝卖家提供淘宝网以外的流量和人力，帮助推广商品，成交后卖家才支付佣金的一种推广方式。

淘宝客推广是一种按成交计费的推广模式，淘宝客只要从淘宝客推广专区获取商品代码，任何买家（包括淘宝客自己）经过淘宝客的推广（链接、个人网站、博客或者社区发的帖子）进入淘宝卖家店铺完成购买后，都可得到由卖家支付的佣金。帮助淘宝卖家推广商品并按照成交效果获得佣金的人（可以是个人或者网站）即淘宝客。买家通过支付宝交易并确认收货时，系统会自动将应付的佣金从卖家收入中扣除并在次日记入淘宝客的预期收入账户。预期收入账户每个月的 15 日都会做上一个整月的月结，月结后，佣金正式转入淘宝客的收入账户。

1. 淘宝客推广流程所包括的参与角色

淘宝客推广流程所包括的参与角色有淘宝联盟、卖家、淘宝客和买家。买家泛指终端消费者，其他角色介绍如下：

（1）淘宝联盟。淘宝联盟是帮助卖家推广商品、帮助淘宝客赚取佣金的推广平台，平台在每笔推广的交易中抽取相应的服务费用。

（2）卖家。卖家是佣金支出者，他们提供自己需要推广的商品到淘宝联盟，并设置每卖出一件商品愿意支付的佣金。

（3）淘宝客。淘宝客是佣金赚取者，他们在淘宝联盟中找到卖家发布的商品，并且推广出去。当消费者通过淘宝客推广的链接购买成交后，淘宝客就能够赚到卖家所提供的佣金（其中一部分需要作为淘宝联盟的服务费）。

2. **淘宝客推广计划**

淘宝客推广计划有以下4种：

（1）通用计划。卖家加入淘宝客推广之后自动生成的计划，一般是淘宝客以单品或店铺的形式推广商品。

（2）活动计划。卖家报名淘宝客发起的招商活动后，由系统自动生成的计划（便于查看报名参加活动的商品及活动效果）。

（3）如意投计划。系统根据卖家设置的佣金比例及报告综合质量情况，将商品智能地推送到爱淘宝搜索结果页，在中小型网站橱窗推广等页面上展现。

（4）定向计划。卖家在后台自行创建的计划，可与通用计划佣金比例不同，还可设置是否需要审核、是否公开（见图2－3）。

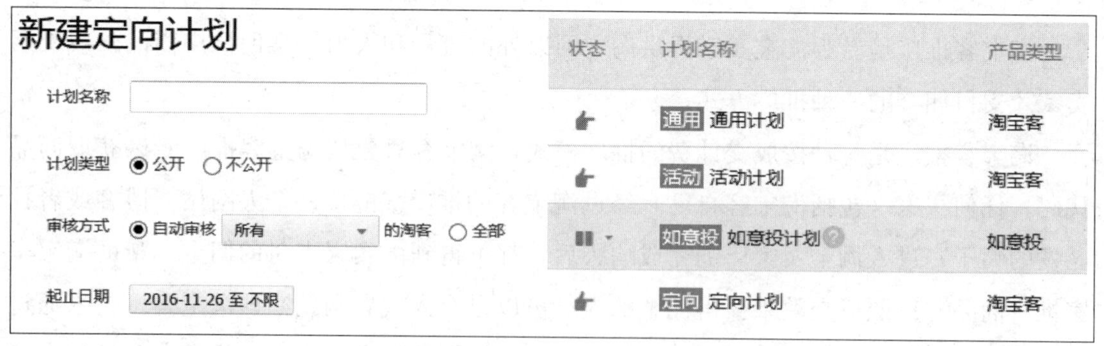

图2－3 新建定向计划

三、钻石展位推广

钻石展位（简称钻展）是淘宝网图片类广告位竞价投放平台，是为淘宝卖家提供的一种营销工具。钻石展位依靠图片创意吸引买家点击，获取巨大流量。计费单位为 CPM（每千次浏览单价），按照出价从高到低进行展现。卖家可以根据群体（地域和人群）、访客、兴趣点三个维度设置定向展现（见图 2-4）。

图 2-4　钻石展位投放

钻石展位为卖家提供 200 多个淘宝网内最优质展位，包括淘宝网首页、频道页、门户、帮派、画报等，每天拥有超过 50 亿的展现量，还可以帮助卖家把广告投向站外，涵盖大型门户、垂直媒体、视频网站、搜索引擎、中小型媒体等各类媒体展位。

（一）钻石展位三大原理

（1）展现原理。每小时根据设置的预算分配相关流量（这里的“相关”指的是广告主定向的人群）。从访客角度进行展现，后台控制展现对象。

（2）扣费原理。千次展现扣费＝下一名出价＋0.1 元。

（3）竞价原理。出价要保证一定的消耗比，以转化为最终导向。

无论是钻石展位还是淘宝直通车，其本质都是淘宝网的一种广告模式，最重要的作用是引流，这就要求我们在推广之前先把自身的转化做到位，只有这样才能使推广的效果最大化。

(二) 钻石展位投放基础

中小卖家在投放之前要了解钻石展位的基础信息。首先要满足开通钻石展位的条件。开通钻石展位的条件对于C店和B店是不同的，C店的要求如下：

(1) 店铺主营类目在支持投放的主营类目范围内；

(2) 店铺每项DSR在4.5以上（特殊类目或者无DSR可适当放宽，由淘宝网单方决定)，店铺好评率在98%以上，信用等级在3钻以上；

(3) 店铺出售中的商品数量在10件以上；

(4) 店铺无任何《淘宝规则》中的严重违规行为及出售假冒商品相关规定的处罚记录；

(5) 店铺年内违反《淘宝规则》中虚假交易的相关规定，累计扣分在12分以下；

(6) 未因违规被终止过钻石展位服务；

(7) 未在使用阿里妈妈其他营销产品服务时因严重违规被中止或终止服务（阿里妈妈其他营销产品包括淘宝直通车、天猫直通车、淘宝客等业务)。

符合条件之后，点击“立即报名”，报名成功之后需要考试，考试通过后，等待淘宝网官方审核，只有通过审核才可以开通权限。

(三) 钻石展位投放流程与步骤

1. 前期准备

(1) 一般先充值1 000元（不充值无法上传素材)。

(2) 根据需要投放的位置要求，制作相应的素材。素材要求有两个：一个是素材大小要求，另一个是素材数据量要求。

(3) 上传素材，等待审核。在上传素材的时候需要注意的是尽量给素材取可以识别的名字，如以“活动+投放时间”的方式命名，便于在后续的素材分析时知道素材所对应的活动。在上传无线端素材的时候需要注意移动端链接和PC端链接是不一样的，目前移动端只可以投放店铺首页。

(4) 素材审核通过之后，就可以制订投放计划了。

2. 开始执行

(1) 根据制作的素材大小选择展位信息，开始制订计划。

(2) 为计划命名，尽量根据活动名称和定向内容来命名，便于后续分析效果。

（3）选择投放日期。具体的时间段选择是需要优化的，大的思路是结合自己店铺的高峰流量时段和高峰销售时段来做一次统计，然后选择黄金时间段，这是一种日常的投放方法。如果是特殊活动，需要结合实际活动的性质选择时间段进行投放，如聚划算是在早上10点开团，那么在10点之前就要大力投放。

（4）设置出价预算并添加创意素材。需要注意的是，一般情况下广告主想要购买的是精准的定向流量，而千次展现价格一般是展位的最低价，所以在定向内容溢价部分可以出高价购买精准流量。

（5）添加定向内容，根据官方的介绍很容易明白各个定向的精准程度。

出价是比较重要的问题。官方提示的价格是低价＋溢价，所以在参考官方价格的时候需要明白你的低价已经包含在其中。第一次出价可以低于官方价格，先运作一小段时间看效果，然后调整。

【任务实施】

表2-4 任务实施步骤

步骤	操作要求和说明
一、注册/登录淘宝联盟	1. 在浏览器中输入 http://www.alimama.com（可以通过淘宝卖家中心后台的推广频道进入） 2. 注册淘宝联盟账号或使用淘宝账号 3. 登录淘宝联盟管理后台
二、淘宝客	1. 设置通用推广计划 2. 设置定向推广计划 1）店铺装修；2）商品加入淘宝客计划；3）设置佣金；4）确定推广 3. 设置如意投 1）热卖搜索推广；2）热卖商品推广
三、淘宝直通车	1. 登录淘宝直通车管理后台，选品 2. 确定关键词（选词：系统推荐词、直通车后台流量分析、搜索下拉框、组合关键词），推广图设计，投放时间、投放地域设置，定向推广设置，人群溢价设置 3. 关键词出价（直通车投资回报率分析、盈亏平衡点） 4. 质量得分提升（删除30天无成交的关键词）
四、钻石展位	1. 登录淘宝联盟后台，充值、上传素材 2. 制订计划 3. 确定推广 4. 申报站内站外活动
五、投放分析	1. 质量得分指标分析 2. 投资回报率分析 3. 数据报表分析
六、效果评估	商品及店铺的曝光量、访问量、转化率、销量等

【评价反馈】

表 2-5 评价反馈

评分项目	评分标准	分值	得分
淘宝客投放流程，导入店铺流量、转化率	淘宝客设置流程，商品的收藏人气、页面停留时间、跳失率	30	
淘宝直通车投放流程，导入店铺流量、转化率	淘宝直通车设置流程，商品的收藏人气、页面停留时间、跳失率	30	
钻石展位投放流程，导入店铺流量、转化率	钻石展位设置流程，商品的收藏人气、页面停留时间、跳失率	20	
数据监控能力	淘宝网三驾马车投放过程中的选款测试、曝光量及数据报表分析	20	
合计		100	

【知识拓展】

一、直通车知识

1. 直通车的推广手段

关键词推广的特点：搜索营销、锁定买家、流量精准。

定向推广的特点：流量大、点击单价低、测款效果好、投资回报率（ROI）高。

店铺推广和类目推广的特点：费用低、转化低、精准性偏差、提升品牌宣传。

2. 直通车的指标解析

直通车的重要指标有四个：CTR、PPC、ROI、转化率。

影响这四个指标的因素如图 2-5 所示。

二、钻石展位知识

1. 钻石展位投放注意要点

使用钻石展位时需要了解钻石展位的功能、操作方法、展现收费规则和竞价原理等。要做好钻石展位，除了建造好的图片素材，还必须学会看报表、懂数据。

(1) 计划报表（数据）：PV、UV、消耗、点击量、店铺流量、千次展现价格(CPM)、平均点击价格（PPC)、图片平均点击率、带来的订单、成交的订单、PV 地域分布、宝贝收藏、店铺收藏、投资回报率、行业回报率。

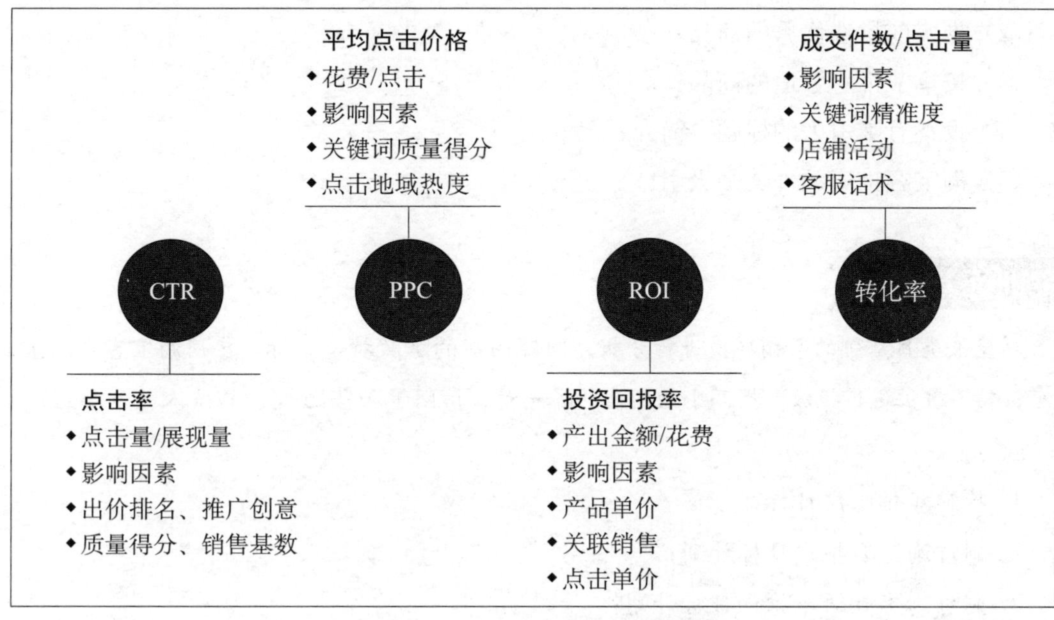

图 2－5　影响直通车指标的因素

（2）素材报表（数据）：图片点击率、页面流失率。

（3）定向报表（数据）：定向消耗汇总表、定向消耗明细表。

2. 钻石展位效果分析及优化

（1）计划的分析和优化：出价、定向、时间段。

（2）图片的分析和优化：一个好的素材可以节省 1/3 的广告成本，一个好的素材一大半取决于美工。

（3）转化率的分析和优化：GMV、ROI、收藏、流失率。

三、淘宝客知识

1. 影响淘宝客推广选择的因素

（1）佣金高（同行业）；

（2）信誉高（皇冠店铺或者天猫，相对更喜欢天猫，因为天猫有额外的补贴）；

（3）销量高；

（4）推广量高。

以上四点说明：淘宝客在选择产品的时候，首要考虑的是商品的转化率。

2. 提高淘宝客推广效果的手法

（1）调整淘宝客佣金比例设置（将佣金提高至 15%～30%）；

（2）推广前挑选优秀的商品；

（3）按季节推广合适的商品；

（4）设置有吸引力的标题、简介；

（5）淘宝客推广额外奖励吸引。

【实训练习】

对坚果类目店铺的营销环境进行分析。围绕网店的爆款打造目标，应用淘宝客、淘宝直通车、钻石展位进行投放。提高小组网店的曝光量、访问量和转化率。（以4人为一小组）

要求：

1. 确定店铺推广目标；
2. 制订淘宝客推广目标计划；
3. 制订淘宝直通车推广目标计划；
4. 制订钻石展位推广目标计划；
5. 撰写一份500字左右的推广分析报告。

【参考文献】

[1] 新手卖家常见TOP问题. https://www.iqilun.com/thread-368-1-4.html.

[2] 智能化投放. https://alimama.bbs.taobao.com/detail.html?spm=a210m.8146745.0.0.v17unR&postId=6894117.

[3] 如何使用钻石展位获取流量. https://alimama.bbs.taobao.com/detail.html?postId=6997952.

[4] 钻石展位，店长们该如何投放. https://jingyan.baidu.com/article/ca2d939d29c4b3eb6c31ce3f.html.

[5] 淘宝直通车推广技巧与妙招. http://www.360doc.com/content/16/0705/17/34490926_573319930.shtml.

[6] 直通车推广必须知道的技巧. http://www.chinaz.com/manage/2015/0708/420767.shtml.

搜索引擎营销

网络营销核心内容是围绕公式“成交额＝访问量×转化率×客单价”展开的。本任务训练和研究影响成交额的三大因素中的访问量因素，训练内容是应用搜索引擎营销来提升网店访问量。

【学习目标】

1. 熟悉搜索引擎营销的作用和方法；
2. 掌握搜索引擎营销的操作流程；
3. 能够使用搜索引擎工具来提升网店访问量。

【任务引入】

根据网店提升访问量的目标，分析搜索引擎营销的作用、方法及操作流程。通过应用搜索引擎的收录、百度关键词购买及竞价推广、淘宝直通车的应用，提高网店的曝光率、点击量。

【相关知识】

搜索引擎营销（Search Engine Marketing，SEM）是基于搜索引擎平台的网络营销，利用人们对搜索引擎的依赖和使用习惯，在人们检索信息的时候将营销信息传递给目标用户。搜索引擎营销的基本思想是让用户发现信息，并通过点击链接进入网页，进一步了解所需要的信息。

搜索引擎营销作为网站推广的常用方法之一，在没有建立网站的情况下很少被采用（有时也可以用来推广网上商店、企业黄页等）。搜索引擎营销以企业网站为基础，企业网站设计的专业性对搜索引擎营销的效果会产生直接影响。搜索引擎营销的内容主要包含搜索引擎优化（SEO）、付费排名、精准广告以及付费收录。

一、搜索引擎工具简介

(一) 国外常用工具

1. Alexa

Alexa(见图2-6)是互联网首屈一指的免费提供网站流量信息的公司,创建于1996年,一直致力于开发网页抓取和网站流量计算。Alexa排名是常被引用的用来评价某一网站访问量的指标之一。总部位于美国旧金山的Alexa是亚马逊集团旗下的子公司。

图2-6 Alexa界面

2. 谷歌(Google)

1998年,拉里·佩奇和谢尔盖·布林在美国斯坦福大学的学生宿舍内共同开发了谷歌在线搜索引擎(见图2-7),并迅速传播给全球的信息搜索者。现在的谷歌是一家跨国科技企业,业务包括互联网搜索、云计算、广告技术等,同时开发并提供大量基于互联网的产品与服务,其主要利润来自AdWords等广告服务。2019年1月,Brand Finance发布了2019年度全球500强品牌榜单,谷歌排名第三。

图2-7 Google界面

3. 雅虎（Yahoo）

雅虎（见图 2-8）是最老的“分类目录”搜索数据库之一，也是最重要的搜索服务网站之一。其服务包括搜索引擎、电邮、新闻等，业务遍及 24 个国家和地区，为全球超过 5 亿的独立用户提供多元化的网络服务。雅虎有英、中 、日、韩、法、德、意、西班牙、丹麦等 12 种语言版本，各版本的内容互不相同，提供目录、网站及全文检索功能。雅虎的目录分类比较合理，层次深，网站提要严格、清楚，网站收录丰富，检索结果精确度较高。

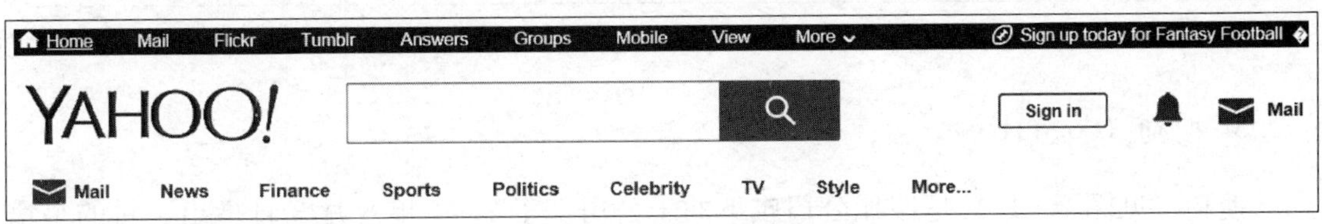

图 2-8　Yahoo 界面

（二）国内常用工具

1. 百度（Baidu）

2000 年 1 月 1 日，李彦宏、徐勇携搜索引擎专利技术和 120 万美元风险投资，从美国硅谷回国，在北京中关村创建了百度公司。百度是目前全球最大的中文搜索引擎网站（见图 2-9）。百度通过以网络搜索为主的功能性搜索，以贴吧为主的社区搜索，针对各区域、行业所需的垂直搜索，以及门户频道、IM 等，全面覆盖中文网络世界所有的搜索需求，目前国内市场份额约占 80%。

图 2-9　百度界面

2. 360 搜索

360 搜索（见图 2-10），原名好搜搜索。2016 年 2 月 1 日，好搜搜索更名为 360 搜索，域名也从“haosou.com”切换为更易记忆、更易输入的“so.com”。360 搜索属于全文搜索引擎，是目前应用广泛的主流搜索引擎之一，包括新闻、网页、问答、视频、图片、音乐、地图、百科、良医、购物、软件、手机等应用。360 搜索推出了摸字搜、照妖镜、安心购、良心医、周边号、万花筒和随心谈七种武器，功能包括便利性、安全性、可信赖、实时性、本地化服务、社交功能等多个方面，满足用户在移动环境下使用搜索引擎的习惯和需求，目前国内市场份额约占8.8%。

图2-10 360搜索界面

3. 搜狗（Sogou）

搜狗（见图2-11）是搜狐公司旗下的子公司，于2004年8月3日推出，目的是增强搜狐网的搜索技能，主要经营搜狐公司的搜索业务。在经营搜索业务的同时，也推出了搜狗输入法、搜狗高速浏览器。2010年8月9日，搜狐与阿里巴巴宣布将分拆搜狗成立独立公司，引入战略投资。2013年9月16日，腾讯向搜狗注资4.48亿美元，并将旗下的腾讯搜搜业务和其他相关资产并入搜狗，目前国内市场份额约占3.3%。

图2-11 搜狗搜索界面

（三）其他搜索引擎

基本上，各个经济强国都有自己的搜索引擎。除了以上列举的搜索引擎之外，其他比较著名的搜索引擎有：Bing（美国）、Wlw（德国）、Splut（英国）、Hit-Parade（法国）、Yandex（俄罗斯）、Goo（日本）、Ciao（西班牙）、Jubii（丹麦）、Niceone（爱尔兰）、Godado（意大利）、Infoo（瑞典）、神马（中国）等。

二、搜索引擎营销主要模式

1. 免费登录分类目录

这是最传统的网站推广手段，方法是企业登录搜索引擎网站，将自己企业网站的信息在搜索引擎中免费注册，由搜索引擎将企业网站的信息添加到分类目录中。

2. 收费登录分类目录

与免费登录分类目录方法相似，这是一种需要付出一定费用才能够实现的搜索引擎营销方法。企业登录搜索引擎网站，将自己企业的信息在搜索引擎中注册，由搜索引擎将企业网站的信息添加到分类目录中。

3. 搜索引擎优化

通过对网站本身的优化，使之符合搜索引擎的搜索习惯，从而获得较好的搜索引擎排名。真正的搜索引擎优化不仅要符合搜索引擎的搜索习惯，而且应该符合用户的搜索习惯。通过搜索引擎优化，不仅要使网站获得较好的搜索引擎排名，而且应该使网站获得更多的业务机会和效益。

4. 关键词广告

这是付费搜索引擎营销的一种形式，也称为搜索引擎广告、付费搜索引擎关键词广告等。当用户利用某一关键词进行检索时，检索结果页面会出现与该关键词相关的广告内容。

5. 关键词竞价排名

这是一种按效果付费的网络推广方式，由百度在国内率先推出。企业购买该项服务后，通过注册一定数量的关键词，其推广信息就会根据企业对关键词投入的价钱和权重计算，率先出现在网民相应的搜索结果中。竞价排名按照效果计费，根据给企业带来的潜在访问量计费，没有访问量不计费。企业可以灵活控制推广力度和资金投入，投资回报率高。

三、搜索引擎营销目标

搜索引擎营销目标可以细分为以下四个层次：

第一层：存在层。搜索引擎的存在层，其目标是在主要的搜索引擎/分类目录中获得被收录的机会。这是搜索引擎营销的基础，离开这个层次，搜索引擎营销的其他目标也就不可能实现。搜索引擎登录包括免费登录、付费登录、搜索引擎关键词广告等形式，目的是增加网页的可见性。

第二层：表现层。搜索引擎营销目标是在被搜索引擎收录的基础上尽可能获得好的排名，即在搜索结果中有良好的表现，因而可称为表现层。用户关心的只是搜索结果中靠前的少量内容，如果关键词检索时网站在搜索结果中的排名靠后，则需要利用关键词广告、竞价广告等形式作为补充手段来改善。

第三层：关注层。这是一个关于网站访问量指标的问题，也就是通过搜索结果点击率的提升来达到提高网站访问量的目的。只有受到用户关注，经过用户选择后的信息才可能被点击，因此称为关注层。

第四层：转化层。访问量的增加最终转化为企业实现收益的提高，因此称为转化层。转化层是前面三个目标层次的进一步提升，是各种搜索引擎方法所实现效果的集中体现，但并不是搜索引擎营销的直接效果。收益是由访问量转化所形成的，访问量转化为收益是网站的功能、服务、产品等多种因素共同作用的结果。

简单地说，搜索引擎工具可以实现四个层次的营销目标：

（1）被搜索引擎收录；

（2）在搜索结果中排名靠前；

（3）提升用户的点击率；

（4）将浏览者转化为客户。

四、搜索引擎推广示例

1. 全网搜索引擎营销

基于全网的搜索引擎营销在我国最有代表性的工具是百度。下文以百度为研究对象，其他的搜索引擎功能类似，我们可以举一反三进行理解。

百度是全球最大的中文搜索引擎及最大的中文网站，是全球领先的人工智能公司之一，2005年8月于美国纳斯达克上市。百度愿景是成为最懂用户并能帮助用户成长的全球顶级高科技公司。截至2020年2月，从Alexa获得的数据显示，百度UV三个月平均值为2.623亿，PV高达11.489亿。百度无线首页用户超过6亿，日活跃用户超过1亿。

百度搜索推广是基于百度搜索引擎，在百度搜索结果的显著位置展示企业推广信息，并帮助企业把网民有效转化为客户的一种营销方式。企业可以让推广信息在自己指定的时间段和地域展示，当网民根据搜索关键词点击信息打开企业网站时再扣取费用，这有助于企业以最低、最合适的投入获得最优营销效果。

百度推广主要包括五大模块，具体内容如表2-6所示。

表 2-6　**百度推广类型**

推广类型		类型描述
一、搜索推广	标准推广	搜索推广是基于全球最大的中文搜索引擎百度，在搜索结果显著的位置展示您的推广信息，只有当客户点击了广告，您才需要付费。
	图片凤巢	
	线索通	
二、信息流推广		信息流广告是在百度 App、百度首页、百度贴吧、百度手机浏览器等平台的资讯流中穿插展现的原生广告。
三、聚屏推广		聚焦数字化线下媒体，资源包括 OTT 智能电视、楼宇商超屏幕、影院娱乐屏幕及出行屏幕等，满足您的品牌推广诉求。
四、开屏推广		百度开屏整合百度优质品牌广告流量，以 App 开屏广告的样式进行强势品牌曝光。
五、百青藤推广		“百度系＋百青藤”联盟资源，碎片化场景全覆盖。支持开屏、Feed、PC、视频等多种样式，广告展现无死角。

(1) 百度推广可以创建 100 个计划，每个计划可以创建 1 000 个单元，每个单元可以建立 50 个创意和 5 000 个关键词。

(2) 竞价整体流程分为 7 步：分析选择关键词、划分账户结构、撰写创意、确定指定着陆页、账户调价、定制相关报表、账户优化。

(3) 百度标准搜索推广步骤为：建立计划、建立单元、书写创意、选词、竞价、确认、完成。

百度整合营销功能在商业中的应用模块如图 2-12 所示。

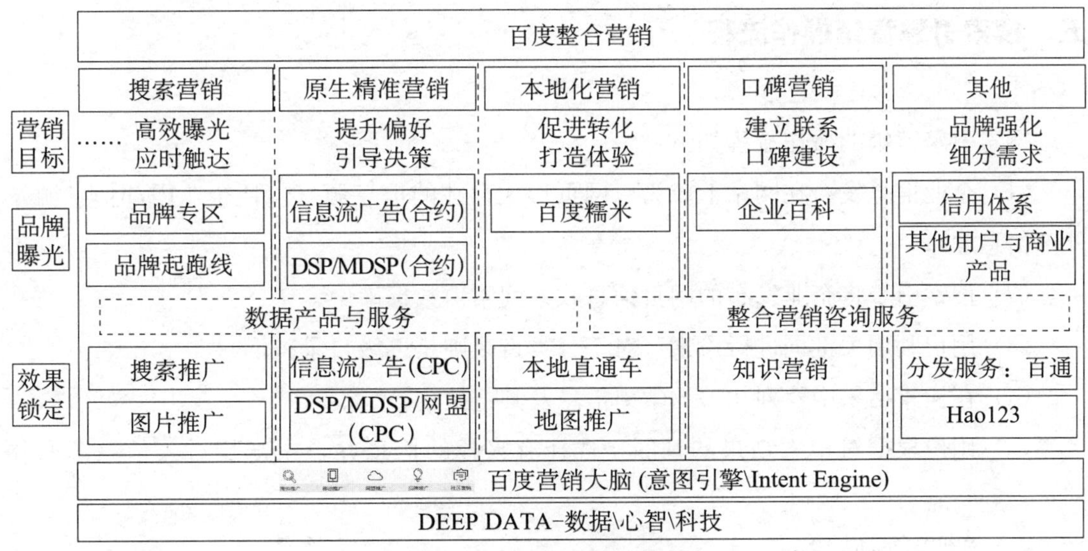

图 2-12　百度营销商业模块

数据来源：浙江国技互联集团有限公司，2019.

2. 站内搜索引擎营销

大型电商平台站内搜索引擎是各大商家都在竞争的资源。淘宝网（见图2-13）作为我国平台电商的代表，站内有超过1 000万家网店。消费者从淘宝网购物的习惯性动作依然是在淘宝网站内搜索商品或店铺。卖家如何通过淘宝网站内搜索展现自己的商品是经营的重点工作。

图2-13 淘宝网搜索引擎

五、搜索引擎营销操作流程

搜索引擎营销的操作流程如下：

（1）企业信息发布在网站上成为以网页形式存在的信息源（包括企业内部信息源及外部信息源）；

（2）搜索引擎将企业发布的网页信息收录到索引数据库中；

（3）用户利用关键词进行检索（对于分类目录则是逐级目录查询）；

（4）在检索结果中罗列相关的索引信息及其链接；

（5）用户根据对检索结果的判断，选择有兴趣的信息并点击链接进入信息源所在网页；

（6）浏览企业网站；

（7）实现转化。

【任务实施】

表 2－7　　任务实施步骤

步骤	操作要求和说明
一、搜索引擎账户注册	1. 注册百度账户 2. 注册 360 搜索账户 3. 注册 Google 账户 4. 注册 SOSO 账户 5. 注册 Yahoo 账户 6. 注册 Sogou 账户
二、网站收录	1. 登录注册的各大搜索引擎账户 2. 通过注册的搜索引擎，找到收录入口 3. 填写网址和关键词收录网站
三、百度搜索推广	1. 登录百度推广后台，检索 3 款坚果类商品，检索关键词 2. 根据关键词推荐，添加至现有的推广计划/推广单元 3. 按步骤完成：建立计划、建立单元、书写创意、选词、竞价、确认、完成
四、搜索引擎优化	1. 优化淘宝网店内 3 款商品的关键词 2. 对所选 3 款商品进行标题关键词优化 3. 对所选 3 款商品进行内容优化
五、淘宝搜索推广	1. 登录淘宝卖家后台 2. 登录淘宝直通车 3. 创建新的推广计划，选择商品，添加创意，设置关键词 4. 根据淘宝网排行榜、阿里指数选择关键词 5. 根据盈亏平衡点设置出价
六、提升质量得分	1. 选择商品：新疆薄皮核桃，在推广计划的推广单元中添加关键词 2. 选择全时段、大区域，折扣设置为 115％ 3. 选择中心匹配或者广泛匹配，开通移动端 4. 查看点击量、点击率、转化率，删除展现量太低的关键词
七、效果评估	关键词选择情况、展现/曝光量、点击率（导入网店的浏览量）、淘宝直通车质量得分

【评价反馈】

表 2－8　　评价反馈

评分项目	评分标准	分值	得分
计划及单元设置	新建计划 1 个，设置 4 个单元，添加关键词＞50 个	30	
曝光量、浏览量	曝光量＞2 000，浏览量（点击率）＞20（1％）	30	
直通车质量得分	商品关键词的质量要求高于 7 分	20	
商品关键词排位	要求商品排名进入前 3 页	20	
合计		100	

【知识拓展】

一、搜索引擎付费方式

1. CPM(Cost Per Mill)千人成本

网上广告收费最科学的办法是按照有多少人看到你的广告来收费。按访问人次收费已经成为网络广告的惯例。千人成本即在广告投放过程中听到或者看到该广告的每千人平均分担到的广告成本。

2. CPC(Cost Per Click)/PPC(Pay Per Click)每点击成本

CPC计价方式是指每点击一次便计费一次。这一方法对广告主来说是宣传推广的最优方式，但有不少经营广告的网站觉得不公平。例如：虽然浏览者没有点击，但是他已经看到了广告，对于这些看到广告却没有点击的流量来说，网站无法获得收益。

3. CPA（Cost Per Action）每行动成本

CPA计价方式是指按广告投放实际效果，即按回应的有效问卷或订单来计费，而不限广告投放量。为规避广告费用风险，只有当用户点击广告后，广告主才按点击次数付费给网站。

4. CPR（Cost Per Response）每回应成本

CPR计价方式是指以浏览者的每一个回应计费。这种广告计费方式充分体现了网络广告"及时反应、直接互动、准确记录"的特点。因为得到广告费的机会比CPC还要渺茫，目前几乎所有网站都不使用这种方法。

5. CPP（Cost Per Purchase）每购买成本

CPP计价方式是指广告主为规避广告费用风险，只有在用户点击广告并进行在线交易后，才按销售笔数付费给网站。

6. 包月方式

部分广告网站按照"一个月多少钱"这种固定收费模式来收费。不管效果好坏，不管访问量有多少，一律一个价。

7. PFP（Pay For Performance）按业绩付费

在 PFP 计价方式下，对广告发布平台来说，如果浏览者不采取任何实质性的购买行动，就不可能获利。目前许多网站并不接受这种模式。

8. TMTW 来电付费广告

这种计价方式由 SEOTMTW（SEO 研究所）和 SEMTMTW（SEO 服务中心）共同推出，是指展示不收费、点击不收费，只有接到客户有效电话才收费。

9. 其他计价方式

广告主在进行特殊营销专案时，会提出以下方法个别议价：

（1）CPL（Cost Per Leads）：以搜集潜在客户名单多少来收费。

（2）CPS（Cost Per Sales）：以实际销售产品数量来换算广告刊登金额。

二、搜索引擎优化内容

搜索引擎营销的核心工作是进行搜索引擎优化（SEO）。搜索引擎优化是指利用搜索引擎的规则提高网站在有关搜索引擎内的自然排名。

（一）内部优化

（1）META 标签优化：如 TITLE、KEYWORDS、DESCRIPTION 等的优化。

（2）内部链接的优化：如相关性链接、锚文本链接、各导航链接及图片链接。

（3）网站内容更新：每天保持站内的更新（主要是文章的更新）。

（二）外部优化

（1）外部链接类别：博客、微博、论坛、新闻、分类信息、贴吧、问答、百科、社区、空间、微信等相关信息，尽量保持链接的多样性。

（2）外链组建：每天添加一定数量的外部链接，使关键词排名稳定提升。

（3）友链互换：与一些和你网站相关性比较高、整体质量比较好的网站交换友情链接，巩固关键词排名。

(三) 链接优化

1. 网站地图

只要有可能，最好给网站建一个完整的网站地图，同时把网站地图的链接放在首页，使搜索引擎能很方便地发现和抓取所有网页信息。

2. 网站优化

(1) 每个网页最多距离首页4次点击就能到达；
(2) 网站的导航系统最好使用文字链接；
(3) 网站导航中的链接文字应该准确描述栏目的内容；
(4) 整站的PR传递和流动；
(5) 网页的互相链接；
(6) 链接静态化；
(7) 避免蜘蛛陷阱；
(8) 比较合理的链接结构通常是树形结构。

(四) 关键词选择

(1) 使用百度推广助手中的关键词工具选择适合推广的关键词；
(2) 通过调研选取关键词；
(3) 通过查看统计日志选取关键词；
(4) 重视长尾关键词；
(5) 将关键词进行多重排列组合；
(6) 尽量不要使用行业通用词；
(7) 善于利用地理位置；
(8) 确定关键词的价值；
(9) 注意关键词的时效性；
(10) 分析竞争对手。

【实训练习】

一、对小组网店的商品进行分析。通过搜索引擎营销推广，提升网店的曝光率和访问量，以达到提升品牌知名度和店铺销售额的目标。(以4人为一小组)

要求：

1. 通过注册的 5 个搜索引擎进行网店信息收录；

2. 制作一份百度推广的竞价排名方案；

3. 结合商品，在开通淘宝直通车的网店后台建立推广计划、设置推广单元；

4. 选择商品进行关键词设置、出价、排名预估；

5. 制作一份提升关键词质量得分的方案；

6. 撰写一份 500 字左右的搜索引擎营销分析报告。

二、淘宝直通车投放盈亏平衡点计算。

总花费＝流量×PPC

总利润＝流量×转化率×单品利润

总花费＜总利润

PPC＜转化率×单品利润

根据店铺转化率和单品利润计算主推款通过淘宝直通车引流不亏本的 PPC 承受值，制作表格，计算盈亏平衡下可承受的最大 PPC 值。

【参考文献】

［1］搜索引擎营销 . https://baike. baidu. com/item/搜索引擎营销 .

［2］搜索引擎优化 . https://baike. baidu. com/item/搜索引擎优化/3132.

［3］国外搜索引擎 . http://www. baimin. com/world/557. htm.

论坛营销

企业布局线上营销体系的全渠道营销，除了平台营销、搜索引擎营销之外，本任务所属的社群营销是营销体系里全渠道营销的一项重点工作。社群营销模块包括论坛营销、博客/微博营销、微信/微商营销、视频营销、知识营销和社交平台营销等部分。与社群营销的其他工具一样，论坛营销的核心任务也是内容营销。本任务沿着社群营销的发展历程，讲授和训练论坛营销和内容营销，训练应用论坛营销来提升网店访问量。

【学习目标】

1. 熟悉论坛营销的作用和方法；
2. 掌握论坛营销的操作流程；
3. 能够利用论坛营销提升网店访问量；
4. 熟悉内容营销的类型与内容；
5. 掌握软文营销策略。

【任务引入】

根据网店提升访问量的目标，分析论坛营销的作用、方法及操作流程。撰写论坛营销活动方案、注册论坛账号、编写软文、发布信息、评价效果、反馈改进。

【相关知识】

论坛（BBS）从1999年开始兴起，到2006年其用户群体达到顶峰。论坛营销的核心工作是内容营销。通过软文，以内容营销的方式进行企业产品、服务与品牌信息的推广与传播。

社交媒体的发展过程如下所示：

论坛 ⟶ 贴吧 ⟶ 微博 ⟶ 微信 ⟶ 知乎/百家号/小红书等 ⟶ 短视频/直播

1999年　2003年　2009年　2011年　2013年　2016年（以抖音为例）

论坛营销是指企业利用论坛这种网络交流的平台，通过文字、图片、视频等方式发布企业的产品和服务信息，从而让目标客户更加深刻地了解企业的产品和服务，最终达到企业宣传自身品牌、加深市场认知度的网络营销活动。

一、社交媒体

社交媒体（Social Media）是指互联网上基于用户关系的内容生产与交换平台。社交媒体是人们彼此之间分享意见、见解、经验和观点的工具和平台，现阶段主要包括社交网站、微博、微信、博客、论坛、播客等。社交媒体在互联网的沃土上蓬勃发展，爆发出令人眩目的能量，其传播的信息已成为人们浏览互联网的重要内容，不仅制造了人们社交生活中争相讨论的一个又一个热门话题，而且吸引传统媒体争相跟进。

（一）国内社交媒体

目前，社交媒体中，论坛（BBS）依然是比较有影响力的工具。论坛的影响力主要分为国际性、全国性、地方性三种。目前我国比较大的论坛有：

1. 天涯社区

天涯社区创办于1999年3月1日，是以论坛、博客、微博为基础交流方式，综合提供个人空间、相册、音乐盒子、分类信息、站内消息、虚拟商店、来吧、问答、企业品牌家园等一系列功能服务，并以人文情感为核心的综合性虚拟社区和大型网络社交平台。天涯社区每月覆盖品质用户超过2亿，注册用户超过8 500万，是极具影响力的全球华人网上家园。

2. 百度贴吧

贴吧是百度旗下独立品牌，也是全球最大的中文社区（见图2-14）。贴吧的创意来自百度首席执行官李彦宏，即结合搜索引擎建立一个在线的交流平台，让那些对同一个话题感兴趣的人们聚集在一起，方便地展开交流和互相帮助。贴吧是一种基于关键词的主题交流社区，它与搜索引擎紧密结合，准确把握用户需求。

贴吧的使命是让志同道合的人相聚。贴吧的组建依靠搜索引擎关键词，不论是大众话题还是小众话题，都能精准地聚集大批同好网友，展示自我风采，结交知音，搭建别具特色的“兴趣主题”互动平台。贴吧目录涵盖社会、地区、生活、教育、娱乐、游戏、体育、企业等方方面面。

图 2-14 百度贴吧

3. 其他论坛

除以上提到的海内外影响力极大的社区和论坛之外，还有人大经济论坛（经管之家）、猫扑、西祠胡同、东方财富网股吧、虎扑体育论坛等在 Alexa. com 排名靠前、用户数和影响力较大的综合性或专业性论坛。

(二) 国外社交媒体

1. 脸书（Facebook）

Facebook 是马克·扎克伯格于 2004 年 2 月 4 日在美国创立的社交网络服务网站，总部位于美国加利福尼亚州。2012 年 3 月 6 日发布 Windows 版桌面聊天软件 Facebook Messenger。截至 2019 年 12 月，Facebook 月活跃用户数破 25 亿，员工人数为 44 942 人，2019 年全年营收为 707 亿美元。

2. 照片墙（Instagram）

Instagram 是一款运行在移动端上的社交应用，用户可以一种快速、美妙和有趣的方式将随时抓拍的图片彼此分享。2012 年 4 月 10 日，Facebook 宣布以 10 亿美元收购 Instagram。2013 年，Instagram 开通视频直播功能。

3. 国外其他社交媒体

除以上提到的各种社交媒体之外，国外应用人数和影响力巨大的社交媒体还有 Linkedin、WhatsApp、Snapchat、Flickr、Tumblr 和 Foursquare 等。

国内外主要社交媒体活跃用户数量统计见图 2-15。

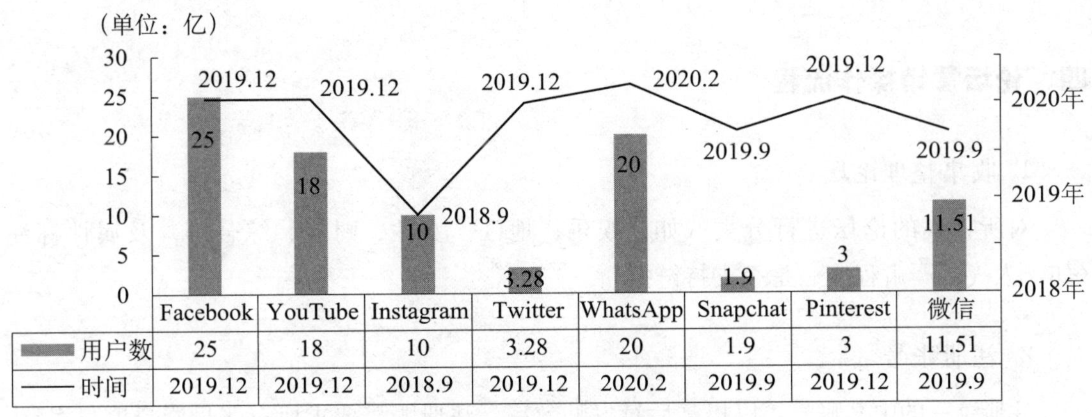

	Facebook	YouTube	Instagram	Twitter	WhatsApp	Snapchat	Pinterest	微信
用户数	25	18	10	3.28	20	1.9	3	11.51
时间	2019.12	2019.12	2018.9	2019.12	2020.2	2019.9	2019.12	2019.9

图 2－15　国内外主要社交媒体活跃用户数量

二、专业术语与名词

网红：在现实或网络生活中因某个事件或行为而被网民关注进而走红的人。

达人：在某一领域非常专业、出类拔萃的人物，通常指在某方面很精通的人，即某方面的高手。

素人：平常的普通人；没有专长或特殊才华的人。

三、论坛营销的作用

1. 口碑效应：提升品牌知名度

论坛是一种社区媒体交流工具。在论坛中，用户可以找到最基本的相关信息；论坛门槛低，任何人都可以免费注册参与，很轻松就可以发帖。很多用户参与论坛是出于娱乐、休闲的需要，或是想结交朋友、与别人分享自己的生活。论坛中的人都是活生生的人，其宣传效果会通过网友在日常生活中的互相传播而大大提高，口碑效应明显。

2. 心理感染：引导消费者体验企业的产品

论坛上的事件大部分都发生在身边甚至与自己的生活有紧密的关系。论坛上生动的内容，会使很多用户对某一论坛产生深厚的感情。通过论坛这个平台，消费者可以接触并体验企业的产品。

四、论坛营销操作流程

1. 收集整理论坛

对所收集的论坛进行分类（如：娱乐、地区、女性、财经、综合等）及属性标注（如：人气、严肃程度、是否支持链接）。

2. 注册账号

注册统一的中文账号，以提高后续发帖效率。注册账号要求所有账号资料填写完整，必须上传头像，用户名必须使用中文，这样可以使账号更加正式，增强账号的可信度。

3. 发布主题

将事先撰写好的软文发布到论坛相应的板块。要求找准板块并分析板块内容及气氛，防止主题与板块内容偏差太大，导致删帖。必要时，可根据板块内容调整文章标题或内容，使软文最大限度地贴近主题。

4. 主题跟踪

主题发布后，将主题链接整理成文档存放，以便后续进行效果分析及维护。同时，要做到定期回访主题，回访项目包括：检查主题是否被删除，是否被执行管理操作（如：加精、提升、置顶、掩埋），是否有人回复、提出问题或者质疑，回复用户的疑问，顶帖。

5. 账号维护

对于热门论坛，需要培养高级账号，使用该高级账号与论坛成员建立互动关系，提高账号知名度、美誉度、权威性，使该账号成为该论坛的舆论领袖，从而使该账号发布的主题更具说服力。

6. 效果评估

效果评估参数：发布论坛数，发布主题数，帖子浏览量，帖子回复量，帖子被加精、置顶率，删帖率等。

五、论坛营销策划要点

（1）只有对专业的论坛帖子进行策划、撰写、发放、监测、汇报，才能在论坛空间高效传播，包括各种置顶帖、普通帖、连环帖、论战帖、多图帖、视频帖等。

（2）论坛活动具有强大的聚众能力，应该以论坛作为平台举办各类踩楼、灌水、贴图、视频等活动，调动网友与品牌之间的互动。

（3）利用事件营销，通过炮制网民感兴趣的活动，将品牌、产品、活动内容植入传播内容，引发新闻事件，导致传播的连锁反应。

六、内容营销

内容营销（Content Marketing）是指不需要通过付费做广告或做推销就能使客户获得信息、了解信息并促进信息交流的营销方式。常以图片、文字、动画等介质传达有关企业的相关内容给客户，促进销售。内容营销平台大体分为两种：传统媒体，如报刊、户外、通信、广播、电视等；自媒体，如博客、微博、微信公众号、百度贴吧、论坛等。

（一）内容营销策略

内容营销策略有软文、社交媒体、新闻稿、音频、播客、博客、微博、音乐、动画、图片、信息图、在线教学或电视广播、幻灯片、视频、研讨会、App、游戏等多种表现形式。常见的内容营销策略常结合或利用以下7种内容：

（1）热点性内容：指某段时间内搜索量迅速提高、人气关注度节节攀升的内容。

（2）时效性内容：指在特定的时间内具有最高价值的内容。

（3）即时性内容：指充分展现当下所发生的物和事的内容。

（4）持续性内容：指含金量不受时间影响，无论在哪个时间段都不受时效性限制的内容。

（5）方案性内容：指具有一定逻辑性、符合营销策略的内容。

（6）实战性内容：指通过不断实践在实战过程中积累丰富经验而产生的内容。

（7）促销性内容：指在特定时间内进行促销活动产生的内容。促销性内容的价值体现在更加快速地促销产品、提升企业形象上。

（二）内容标题与内容题材

内容营销的基本思路是只有持续为消费者带来利益和好处的内容，才能让其持续关注。内容营销的表现核心是软文。软文（Advertorial）是相对于硬性广告而言的，是指由企业的市场策划人员或广告公司的文案人员负责撰写的文字广告。通常是以故事的形式将文章内容与广告完美结合，从而达到广告宣传效果。软文的基本类型和内容营销的标题方式及举例如表2-9和表2-10所示。

表 2-9 软文的三种基本类型

软文类型	描述
新闻型	新闻报道、新闻通稿、媒体访谈
行业型	权威论证、观点交流、人物访谈、实录
用户型	综合型、促销型、争议型、经验型、知识型、故事型、恐吓型、悬念型、娱乐型、总结归纳型、爆料型、情感型

表 2-10 内容营销的标题方式及举例

标题方式	举例
新闻式	● 21 金维他，与 46 名援藏干部高原同行 ● 寻找一个被淡忘的传奇
疑问式	● 这到底是谁的错 ● 为何平庸的男人容易追到优秀的女人
祈使式	● 别让马桶长在身上 ● 请对自己的健康负责
故事式	● 一个关于冰啤酒的谎言 ● 不寻常的嫁妆
恐吓式	● 你是否上了黑名单 ● 皱语，女人的咒语
炫耀式	● 老婆出了个好主意 ● 这么好的宝贝，不该被忽略
数字式	● 女人 20、30、40 ● 1 月 26 日，发现 126 位甬城美女
聊天式	● 妈妈，我在学校很不开心 ● 说说上海女人对老公
建议式	● 家长，你该重视了 ● 给贤妻良母提个醒
真理式	● 失眠人的噩梦，该结束了 ● 夏补，我们知道的太少
利益式	● 失眠，今天有救了 ● 20 年近视，10 秒解决
号召式	● 儿女们行动起来，保卫 6 种父母 ● 把失眠赶出沈阳
悬念式	● 瓶子打碎之后 ● 天鹅之死
反问式	● 爸妈失眠，你管不管 ● 孩子的想法，不该关注吗

撰写正文首先要构思的是题材，常见的内容题材类型如表 2-11 所示。

表 2-11　常见的内容题材类型

题材类型	描述
事件型	符合网友价值观的具备话题传播力的人物及事件的内容
亲历型	讲述网友身边真实的生活故事和体验的内容
攻略型	解决网友生活中碰到的疑难问题，给网友带来帮助的内容
搞笑型	轻松、有趣，能够让网友会心一笑的内容
揭秘型	能够满足网友窥探欲望，不同于官方新闻角度资讯的内容
悬疑型	能够激发网友好奇心，引发不断猜测和讨论的内容
感动型	能够给网友带来视觉或心灵的美好和感动的内容
典藏型	具备收藏价值的经典内容。可能是优秀的网民原创作品（文字、图片、视频、Flash），甚至是经典的广告创意

（三）内容营销实施

1. 内容营销策划

首要任务是根据目标制订一份营销策划方案，考虑如何处理品牌与内容的关系，如何最大化地实现品牌传播效果，如何与品牌整体战略相匹配。内容营销策划一般涉及四个方面：1）营销背景；2）产品受众；3）营销目标；4）策略与应对。

2. 内容营销实施流程

第一步，内容的策划。从用户遇到的问题出发策划内容，了解用户遇到了什么问题，其关键点在于“给用户提供解决方案”。

第二步，内容的组织。考虑给用户带来什么利益，直接、简洁地把它提出来。实施这一步时要注意内容的友好性、简洁、有趣。

第三步，内容的投放。把自媒体变成品类的入口，用内容吸引用户，让他们到企业的自有平台上来。

第四步，内容的传播。第一点是吸引用户搜索信息，让他们主动获取信息，尽量避免强行推送；第二点是刺激用户去分享，用户在分享的时候也是一种营销。

3. 内容营销效果分析

通过查看各发布平台的相关数据，如阅读数、转发量、点赞数等，分析内容营销的总体效果，并总结实施过程中出现的问题及收获。

【任务实施】

表 2-12 任务实施步骤

步骤	操作要求和说明
一、账号注册/论坛账号信息维护	1. 在全国各大知名专业性网站注册账号，每个论坛不少于 10 个 2. 已经注册的论坛账号要完善个人信息，如年龄、昵称、个性头像、个性签名等
二、策划论坛营销事件/活动	根据企业商品特点，结合时令、节假日，策划有奖活动
三、软文编写/内容创作	标题要吸引人，图文并茂（收集相关照片）；结合商品/服务信息，编写对消费者有意义或有帮助的故事
四、论坛软文推广/互动	把信息发布在合适的板块或灌水专区、杂谈之类的板块；对争议性评论，要正确引导回帖；在策划的营销活动中进行互动
五、加精、置顶	购买论坛币，申请加精、置顶。每天顶帖、回帖、转发、好评，保持帖子在首页时间达 5 天以上
六、效果评估	发布论坛数，发布主题数，帖子浏览量，帖子回复量，帖子被加精、置顶率，删帖率等

【评价反馈】

表 2-13 评价反馈

评分项目	评分标准	分值	得分
浏览量、回帖量	单帖浏览量>500；除水军外，回帖量>10	40	
软文质量	标题吸引人，故事内容完整，有质量；图文并茂	40	
软文推广	发布板块适当，水军数量>10人，有置顶	20	
合计		100	

【知识拓展】

一、论坛营销的原则

1. 选择符合产品的论坛

在实施论坛营销时，一定要根据产品的特性选择合适的论坛，最好是能够直击目标客户的论坛。

2. 巧妙设计帖子的内容

作为传递产品信息的载体，信息传达的成功与否主要取决于帖子的标题、主帖与跟帖三部分。一个帖子应该做到既能吸引网民点击，又能巧妙地传递产品的信息，同时让网民感觉不到它是广告帖。

3. 及时跟踪维护帖子

帖子发出后，需要后期跟踪维护，不能让帖子沉下去，尤其是人气比较旺的论坛，沉帖就不能起到营销的作用。及时顶帖，可以使帖子始终处于第一屏，被目标用户浏览。维护帖子不要一味地夸奖，应把握尺度，从反面去辩驳。

二、论坛营销的技巧

（1）分析目标用户群体的习惯与活动范围；

（2）精心策划符合网友喜好的论坛营销事件或活动；

（3）积累论坛相关人脉资源，会对开展论坛营销提供很大支持；

（4）做好统计分析以了解论坛营销的成功与失败之处从而加以改进。

三、论坛营销的禁忌

（1）禁止使用同一个 ID 发帖、回帖；

（2）禁止发表反党、反人民的言论；

（3）禁止挑动是非，引起暴乱。

【实训练习】

以小组网店经营的农副产品或坚果类产品为载体，根据营销目标，通过论坛营销推广品牌，提升品牌知名度，通过论坛数据导入，提高网店的曝光量和访问量。（以 4 人为一小组）

要求：

1. 注册 3 个以上人气论坛，每个论坛注册 10 个账号；

2. 策划一个论坛营销活动;

3. 结合商品特性撰写一篇软文;

4. 通过论坛发布软文并跟踪效果;

5. 撰写一份300字左右的论坛营销分析报告。

【参考文献】

[1] 论坛营销. https://baike.baidu.com/item/论坛营销.

[2] 百度吧. https://tieba.baidu.com/f?ie=utf-8&kw=百度.

[3] 社交媒体. https://baike.baidu.com/item/社交媒体.

[4] 内容营销. https://baike.baidu.com/item/内容营销/4421046.

[5] 天涯社区. https://baike.baidu.com/item/天涯社区.

[6] 口碑效应. https://baike.baidu.com/item/口碑效应.

博客/微博营销

社群营销在快速发展，博客/微博在社交媒体的受众数量快速增加，影响力也日趋增大。网络营销的核心内容是围绕公式“成交额＝访问量×转化率×客单价”展开的。本任务训练和研究影响成交额的三大因素中的访问量因素，训练内容是应用博客/微博营销来提升网店访问量。

【学习目标】

1. 熟悉博客/微博营销的作用、方法；
2. 掌握博客/微博营销的操作流程；
3. 能够使用博客/微博营销来提升网店访问量。

【任务引入】

根据网店提升访问量的目标，分析博客/微博营销的作用、方法及操作流程。撰写博客/微博方案、注册博客/微博账号、编写软文、发布信息、评价效果、反馈改进。

【相关知识】

博客（Blog）是一种新型的个人互联网出版工具，是网站应用的一种新方式。博客为每个人提供了一个信息发布、知识交流的传播平台。博客使用者可以很方便地用文字、链接、影音、图片建立起自己个性化的网络世界。博客内容发布在博客托管的网站上，如博客网、新浪博客、天涯网等。博客托管网站往往拥有大量的用户，有价值的博客内容会吸引大量潜在用户浏览，从而达到向潜在用户传递营销信息的目的。

微博是微型博客（MicroBlog）的简称，是一种基于用户关系的信息分享、传播以及获取平台，用户可以通过 WEB、WAP 以及各种客户端组建个人社区，博文以 140 个以内的字符更新信息，并实现即时分享。最早也是最著名的微博是美国的 Twitter

(推特)。2009年8月新浪网推出“新浪微博”，成为我国门户网站中第一家提供微博服务的网站。

博客营销是指通过博客网站或博客论坛拉近博客作者和浏览者之间的距离，利用博客作者的知识、兴趣和生活体验等传播商品信息的营销活动。博客营销的本质是公关行为。

一、著名的博客/微博平台

(一) 国内博客/微博

1. 新浪博客/微博

新浪博客是朋友之间互相了解最新动态、生活等情况的途径，是社交的一部分。博客单篇文章发表字数限制为20 000字符（10 000汉字），字符数量包括代码、标点符号、文字颜色、字体大小以及图片、空格等。

微博（见图2-16）是由新浪网于2009年8月推出的提供微型博客服务的社交网站。用户可以通过网页、WAP页面、手机客户端、手机短信、彩信发布消息或上传图片。我们可以把微博理解为“微型博客”或者“一句话博客”。用户可以将看到的、听到的、想到的事情写成一句话或以图片的形式，通过电脑或者手机随时随地分享给朋友。截至2019年1月，新浪微博活跃用户达4.3亿。

图2-16 微博

2. CSDN博客

CSDN（Chinese Software Developer Network，CSDN）博客（见图2-17）创立于1999年，是中国最大的IT社区和服务平台，为中国的软件开发者和IT从业者提供知识传播、职业发展、软件开发等全生命周期服务，满足他们在职业发展中学

图2-17 CSDN博客

习及共享知识和信息、建立职业发展社交圈、通过软件开发实现技术商业化等刚性需求。

（二）国外博客/微博

1. 推特（Twitter）

Twitter（见图2－18）是一个广受欢迎的社交网络及微博服务网站，允许用户将自己的最新动态和想法以短信形式（推文）发布（发推），可绑定即时通信软件。所有的Twitter消息都被限制在140个字符之内。2006年，博客技术先驱创始人埃文·威廉姆斯（Evan Williams）创建的新兴公司Obvious推出了大微博服务。

图2－18　推特（Twitter）

2. 汤博乐（Tumblr）

Tumblr（见图2－19）成立于2007年，是目前全球最大的轻博客网站，也是轻博客网站的鼻祖。Tumblr是一种介于传统博客和微博之间的全新媒体形态，既注重表达，又注重社交，而且注重个性化设置，成为当下最受年轻人欢迎的社交网站之一。雅虎公司董事会2013年5月19日决定，以11亿美元收购Tumblr。

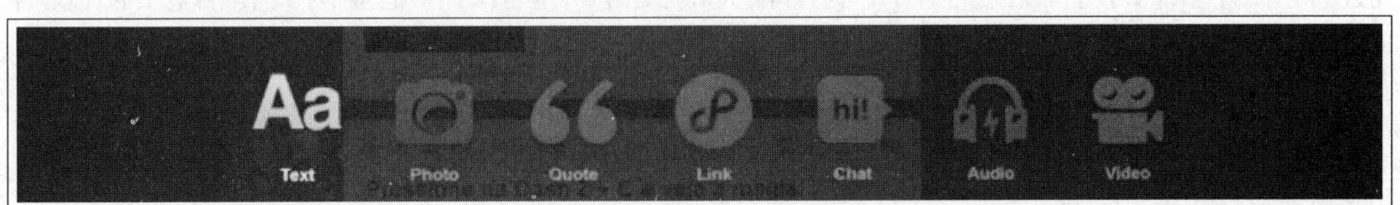

图2－19　汤博乐（Tumblr）

（三）其他博客/微博

除了以上提到的国内外影响力极大的博客/微博外，还有国外的Google＋、VK、Flickr、Tagged等，以及国内的饭否、博客园、网易微博、搜狐微博、腾讯微博等在各专业领域也有较大的影响力。

二、博客营销的作用

企业在日常运作中可以利用博客与消费者进行更多的直接沟通、发布产品信息和传播企业品牌。博客营销的主要作用有：

1. 博客可以直接带来潜在用户

博客网站往往拥有大量的用户群体，有价值的博客内容会吸引大量潜在用户浏览，从而达到向潜在用户传递营销信息的目的。用这种方式开展网络营销，是博客营销的基本形式和直接的价值表现。

2. 博客营销能降低网站推广费用

网站推广是企业网络营销工作的基本内容。大量的企业网站建成之后都缺乏有效的推广措施，从而造成网站访问量过低，降低了网站的实际价值。在博客内容中适当加入企业网站的信息，能以较低的成本进行网站推广，降低了付费推广的费用，提升了网站的访问量。

3. 提高了可见性，博客文章内容为用户通过搜索引擎获取信息提供了机会

多渠道信息传递是网络营销取得成效的保证，通过博客文章，可以增加用户通过搜索引擎发现企业信息的机会。访问量较大的博客网站比一般企业网站的搜索引擎友好性要好，用户可以比较方便地通过搜索引擎发现这些企业博客的内容。博客内容提高了企业在搜索引擎中的可见性，当用户利用相关的关键词检索时，企业网页和信息的出现容易引起用户的注意，从而达到利用搜索引擎推广网站的目的。

4. 博客文章可以方便地增加企业网站的链接数量

获得其他相关网站的链接是一种常用的网站推广方式，当一个企业网站知名度不高且访问量较低时，往往很难找到有价值的网站与自己链接，通过在自己的博客文章中为本公司的网站做链接则是顺理成章的事情。拥有博客文章发布的资格增加了网站链接的主动性和灵活性，不仅可以为网站带来新的访问量，而且增加了网站在搜索引擎排名中的优势。

5. 以较低成本对读者行为进行研究

当博客内容比较受欢迎时，博客网站也成为与用户交流的场所。有问题可以在博客文章中提出，读者可以发表评论，企业可以从中了解读者对博客文章内容的看法，作者也可以回复读者的评论。在博客文章中设置在线调查表的链接，便于有兴趣的读者参与调查互动，有助于扩大在线调查表的投放范围，增进与读者的交流，使得在线调查更有交互性。这样能增强在线调查的效果，降低调查研究费用。

6. 建立权威网站品牌效应的理想途径之一

坚持对某一领域的深度研究，加强与用户的多层面交流，为企业获得用户的品牌认可和忠诚提供了有效的途径。个人如果想成为某一领域的专家，最好的方法之一就是建立自己的博客。如果你坚持不懈，你所营造的信息资源将为你带来可观的访问量，这些资源能够为个人持续不断地写作文章提供更多的帮助，形成良性循环。

7. 博客降低了被竞争者超越的潜在损失

2004 年，“博客”在全球范围内已经成为热门词汇之一。博客内容的吸引力使用户数量快速增长，为企业经营提供了潜在客户。在博客上投入时间，与粉丝互动，有助于提升粉丝的黏度。通过博客与潜在客户长时间的良好沟通，企业打开了营销窗口，避免了因为没有这个对接窗口而被竞争对手超越的风险。

8. 博客让营销人员从被动的媒体依赖转向自主发布信息

在传统的营销模式下，企业往往需要依赖媒体发布信息，不仅受到较大局限，而且费用较高。若营销人员拥有自己的博客，就可以随时发布所有希望发布的信息。当然，所发布的信息不能违反国家法律法规，并且要对用户是有价值的。博客使营销人员的营销观念和营销方式发生了重大转变，企业或个人拥有自由发布信息的权利，如何有效地利用这一权利为企业营销战略服务，取决于营销人员的知识背景和对博客营销的应用能力等因素。

三、微博营销的模式

微博营销的核心价值是基于内容营销的粉丝经济模式。粉丝经济泛指架构在粉丝和被关注者关系之上的经营性创收行为，是一种通过提升用户黏性并以口碑营销形式获取经济利益与社会效益的商业运作模式。

微博营销的模式主要有：

（1）内容营销：创作或传播有益于潜在用户群体的博文。通过口碑营销的方式达到企业品牌宣传推广的作用。

（2）基于微博平台管理中心的广告推广。

1）微博上头条：通过付费微博的定向推广方式，向潜在用户发布具有商业价值的推文。

2）微博的广告产品推广：通过微博管理中心的搜索类、曝光类、信息流类、视频类广告，向微博的4.5亿潜在用户传播企业服务与品牌信息。

3）微博抽奖：通过设置奖品的方式对博文进行关注、转发、评论，达到博文传播的效果。

四、博客营销操作流程

博客营销的操作方式与传统营销有所区别。易操作性以及最初的低投入使得博客营销具有非常大的可实施性。以第三方博客平台的博客文章发布功能开展博客营销的操作流程如下：

1. 选择博客托管网站、开设博客账号

选择适合企业的博客营销平台，并获得发布博客文章的资格。一般来说，应选择访问量较大、知名度较高的博客托管网站，这些资料可以根据 Alexa.com 全球网站排名系统进行分析判断。对于某一领域的专业博客网站，则应在考虑其访问量的同时考虑其在该领域的影响力。影响力较大的网站，其博客内容的可信度也相应较高。如果必要，也可以选择在多个博客托管网站同时注册。

2. 制订中长期博客营销计划

这一计划的主要内容包括博客账号的运作目标、从事博客写作的人员计划、每个人的写作领域选择、博客文章的发布周期等。但是博客写作内容有较大的灵活性和随意性，因此博客营销计划实际上并不是严格的“企业营销文章发布时刻表”，而是从较长时期来评价博客营销工作的参考。

3. 营造合适的博客环境，坚持博客写作

无论博客团队还是个人，要保证发挥博客营销的长期价值，就需要坚持不懈地写作。一个企业的一两个博客偶尔发表几篇企业新闻或者博客文章是不足以达到博客营销的目的的，因此如果真正将博客营销纳入企业营销战略体系中，营造合适的博客环境、采用合理的激励机制是很有必要的。

4. 综合利用博客资源与其他营销资源

博客营销并非是独立的，它是企业营销活动的一个组成部分。同时，博客营销的资源也可以发挥更多的作用，如前文所述，将博客文章内容与企业网站的内容策略和其他媒体

资源相结合。因此，对于博客内容资源的合理利用成为博客营销不可缺少的工作内容。

5. 对博客营销的效果进行评估

与其他营销策略一样，对博客营销的效果也有必要进行跟踪评价，并根据发现的问题不断完善博客营销计划，让博客营销在企业营销战略体系中发挥应有的作用。至于对博客营销的效果评价方法，目前同样没有完整的评价模式，不过可参考其他网络营销方法的评价方式来进行。

五、博客/微博营销技巧

1. 内容格式

（1）主题。发布微博也讲究格式，一条微博必定有一个主题，而这个主题建议用【】标出（或者其他一目了然的符号）。

（2）关键词。#……#两个井号中间的是话题，发布微博的时候，尽量选择以下两种话题作为关键词：一种是和行业有关的关键词，可以引来流量；另一种是引向目标的关键词，可以导入数据。举例：

#宁波儿童舞蹈#去哪里？#某某儿童舞蹈#

（3）联系方式。在博客/微博里加上联系方式，最好是电话和网址，不要加微信（可以上传微信二维码照片）。

（4）@。微博内容的最后@3～5个人，一般是同行业的专家或者媒体平台。

2. 博客内容

（1）有趣有用。虽说企业微博是服务于企业的，但是一味地发布企业广告，任何人都会反感。建议适当发布一些对粉丝来说有趣或者有用的内容，公益性内容也可。

（2）软广告。一旦要用博客/微博发广告，尽量选择软文的形式，千万不要甩一篇硬广，没有人愿意看。

（3）平易近人。写博文一定要用平易近人的口吻，不管你的企业多么牛或者多么高大上，粉丝永远都是你的上帝，一定要放低姿态和粉丝说话，不要自以为是。

六、博客营销与微博营销的区别

博客营销与微博营销的本质区别，可以从以下三个方面进行简单的比较：

1. 信息源表现形式的差异

博客营销以博客文章（信息源）的价值为基础，并且以个人观点表述为主要模式，每篇博客文章表现为一个独立的网页，因此对内容的数量和质量有一定要求，这也是博客营销的瓶颈之一。微博内容则短小精悍，重点在于表达现在发生了什么有趣（有价值）的事情，而不是系统的、严谨的企业新闻或产品介绍。

2. 信息传播模式的差异

微博注重时效性，3天前发布的信息可能很少会有人问津。同时，微博的传播渠道除了相互关注的好友（粉丝）直接浏览之外，还可以通过好友的转发向更多的人传播，因此是一种快速传播简短信息的方式。博客营销除了用户直接进入网站或者RSS订阅浏览之外，往往还可以通过搜索引擎获得持续的浏览。对时效性要求不高的特点决定了博客可以获得多个渠道用户的长期关注，因此建立多渠道的传播对博客营销是非常有价值的，而对于未知群体进行没有目的的微博营销通常是没有意义的。

3. 用户获取信息行为的差异

用户可以利用电脑、手机等多种终端方便地获取微博信息，发挥“碎片时间资源集合”的价值。也正因为是信息碎片化以及时间碎片化，用户通常不会立即做出某种购买决策或者其他转化行为，所以微博作为硬性推广手段只能适得其反。而博客由于权威性较强，更易于促使用户做出购买决策。

【任务实施】

表2-14 任务实施步骤

步骤	操作要求和说明
一、账号注册/账号信息维护	1. 注册新浪博客和微博账号 2. 注册腾讯微博账号 3. 完善已注册账号的个人信息，如年龄、昵称、个性头像、个性签名等
二、设立营销目标	1. 博文阅读数量不少于30次 2. 粉丝增加5人以上 3. 通过博文导入网店访问来源不少于5个
三、策划营销事件/活动	1. 根据坚果与健康生活的关系，结合营销手段进行营销事件的策划 2. 设计主要内容，标题吸引人、图文并茂（收集相关照片），结合商品/服务信息
四、软文编写/创作内容	1. 软文应该包含：1）主题；2）关键词；3）联系方式；4）@行业专家和大咖 2. 编写对消费者有意义或有帮助的故事

续前表

步骤	操作要求和说明
五、推广/互动	把博文链接发布到相应的论坛、QQ空间、QQ群、微信群及其他社交媒体，小组成员互动，互相顶帖、回帖
六、效果评估	博文阅读数、发布主题数、导入网店的浏览量、博文互动回复量、博客增粉数量等

【评价反馈】

表2-15　评价反馈

评分项目	评分标准	分值	得分
浏览量、回复量	单篇文章浏览量＞100；除水军外，回帖量＞2	30	
营销事件质量	标题吸引人，故事内容完整、有质量，图文并茂	30	
推广的平台及次数	在2个以上的平台推广博客，推广次数＞4次，水军数量＞4个	20	
粉丝增量	粉丝增加20人以上	20	
合计		100	

【知识拓展】

博客/微博营销技巧补充

1. 重视互动

评论和转发都要仔细看，及时处理私信，多参与同行的互动。

2. 谨慎表达

由于博客/微博是开放的平台，任何人都能看到你发布的言论，因此一定要谨慎表达观点和立场，以免招黑。

【实训练习】

对“新农哥旗舰店”坚果类目特性和促销手段进行分析。结合自己小组的网店，通过博客/微博营销推广品牌，提升品牌知名度，通过论坛数据导入，提高小组网店的曝光量和访问量。（以4人为一小组）

要求：

1. 注册2个以上人气博客/微博，完善账号信息资料；

2. 策划一次营销活动；

3. 结合商品特性撰写一篇博文；

4. 博文发布后，通过社交媒体平台进行推广；

5. 跟踪效果；

6. 撰写一份500字左右的博客/微博营销分析报告。

【参考文献】

[1] 博客网站排行榜. http://top.chinaz.com/hangye/index_zonghe_boke.html.

[2] 网站排名. http://www.alexa.cn/rank/weibo.com.

[3] 国外最受欢迎的15个社交网站. http://www.360doc.com/content/17/0813/15/46355317_678890737.shtml.

微信/微商营销

微信的语音聊天、公众号和小程序功能使其拥有大量的用户群体，在社交媒体中，特别是自媒体中占有非常重要的地位。网络营销核心内容是围绕公式“成交额＝访问量×转化率×客单价”展开的。本任务训练和研究影响成交额的三大因素中的访问量因素，训练内容是应用微信/微商营销来拓展销售渠道，增加网店受众，从而提升访问量。

【学习目标】

1. 熟悉微信/微商营销的作用和方法；
2. 掌握微信/微商营销的操作流程；
3. 能够使用微信/微商营销来提升网店访问量。

【任务引入】

微信/微商在人们生活中的影响力越来越大，应用该工具互补和提升网店访问量成为必要手段。根据网店提升访问量的目标，分析微信/微商营销的作用、方法及操作流程。注册微信/微信公众号账号、撰写微信/微商营销方案。编写软文、发布信息、提升粉丝数量。增加互动，提高服务质量，通过数据反馈改进，最终达到与网店互补、提升网店访问量的目标。

【相关知识】

随着社交媒体的快速发展，人与人之间的联系更加频繁。微信，已经成为一种生活方式。伴随着微信的火热而兴起的微商网络营销模式，吸引着各大商家积极参与其中，充分拓展营销渠道。同时，涌现了大批基于这一新兴事物的微商。微商是基于移动互联网的空间，借助社交软件这一工具，以人为中心、以社交为纽带的新商业。

一、微信营销

基于庞大的腾讯用户基数，截至2019年12月，微信注册数量达11.12亿。微信营销是网络经济时代企业或个人营销模式的一种，是伴随着微信的火热而兴起的一种网络营销方式。微信不存在距离的限制。用户注册微信后，可与周围同样注册了微信的“朋友”形成一种联系，订阅自己所需的信息。商家通过提供用户需要的信息，推广自己的产品，从而实现点对点的营销。商家通过微信公众平台，结合转介率微信会员管理系统展示商家微官网、微会员、微推送、微支付、微活动，已经形成一种主流的线上线下微信互动营销方式。

（一）微信简介

微信是腾讯公司于2011年1月21日推出的一个为智能终端提供即时通信服务的免费应用程序。微信支持跨通信运营商、跨操作系统平台，可以通过网络快速发送免费（需消耗少量网络流量）语音短信、视频、图片和文字，同时，可以使用“摇一摇”“漂流瓶”“朋友圈”“公众平台”“语音记事本”等插件服务。微信开发前期是以智能终端App为主，为了扩大用户群，方便和改善用户体验，后来也开发了网页版。

微信底部菜单有：微信、通讯录、发现、我。主要功能有以下几方面：

1. 微信基本功能

基本功能：语音聊天、视频聊天、文字交流、发起转账、发送图片/视频/位置/红包/名片、分享我的收藏。

微信群：是微信基本功能的提升。该功能不止用于日常的社交，微商等商业推广也能通过微信群进行宣传。加入微信群有两种方法：一种是通过扫描群二维码，另一种是通过好友邀请（群成员超过100人必须通过邀请加入）。如果经常使用某个群，可以将该群保存到通讯录，再次想找这些好友群聊的时候，可以直接通过“通讯录→群组→选择群”，选择该微信群。

2. “添加朋友”功能

添加朋友的方式包括：搜索微信号/QQ号/手机号、扫描二维码名片、雷达加朋友、面对面建群、手机联系人、公众号、企业微信联系人。

3. “发现”功能

朋友圈（流行功能）、扫一扫、摇一摇、看一看、搜一搜、附近的人、漂流瓶、购物、游戏、小程序等。

4. “我”功能

“我”功能包括：支付、收藏、相册、卡包、表情、设置。

其中，“支付”中的“收付款”功能包括：向商家付款、二维码收款、赞赏码、群收款、面对面红包、向银行卡或手机号转账。此外，“支付”功能还涉及一些第三方应用，如腾讯服务和第三方服务，包括信用卡还款、城市服务、生活缴费、充值、火车票、滴滴出行、京东购物、美团外卖、电影演出赛事等。

微信支付是集成在微信客户端的支付功能，是公众平台向有出售物品需求的公众号提供的推广销售、支付收款、经营分析的整套解决方案。支付功能是指用户可以通过手机完成快速的支付流程。微信支付以绑定银行卡的快捷支付为基础，为用户提供安全、快捷、高效的支付服务。

（二）微信公众号

微信公众号（mp. weixin. qq. com）是开发者或商家在微信公众平台上申请的账号，该账号与QQ账号互通。通过公众号，商家可在微信平台上实现与特定群体的文字、图片、语音、视频的全方位沟通、互动，并由此形成一种主流的线上线下微信互动营销方式。微信公众号类型如下：

1. 订阅号

任何组织和个人都可以申请，每天可以群发一条信息，认证后有自定义菜单，但没有高级接口，不能用开发模式。

2. 服务号

只面向企业或组织机构申请注册，申请后自带自定义菜单。认证后可以有高级接口，每周可以群发一条信息。不可主动添加微信好友。

注意：订阅号、服务号在通讯录里被归类，用户可以去订阅号的列表中找到已关注订阅号推送的信息。但是微信不会主动在列表中提醒有新消息，需要用户自己去看。服务号、订阅号认证均需300元/年的费用。

3. 企业号

微信企业号是微信为企业客户提供的移动服务，旨在为企业提供移动应用入口。它可以帮助企业建立员工、上下游供应链与企业IT系统间的连接。利用企业号，企业或第三方服务商可以快速、低成本地使用高质量的企业移动轻应用，从而实现生产、管理、协作、运营的移动化。企业号作为企业IT移动化解决方案，相比企业自己开发的App具有明显的优势，具体表现为：1）快速移动化办公；2）开发成本较低；3）零门槛使用。

（三）微信营销的方法

微信营销的方法主要有：

（1）微信群营销：建立微信群汇集私域流量，通过维护群的方式对商品、服务与品牌开展推广活动。

（2）微信朋友圈：通过朋友圈内容分享的方式进行商品、服务与品牌的推广。

（3）微信公众号：通过建立企业或个人（自媒体）的订阅号或服务号对商品、服务与品牌开展推广活动。

（4）微信小程序：它是一种不需要下载安装即可使用的应用，实现了应用“触手可及”的梦想，用户只需扫一扫或搜一下即可打开应用。通过公众号关联，用户可以实现公众号与微信小程序之间的相互跳转。它提供叠加了微信服务号功能的商业服务。

二、微信小店

（一）微信公众号的微信小店

微信公众平台经过更新增加了微信小店功能，微信小店基于微信支付，包括添加商品、商品管理、订单管理、货架管理、维权等功能，开发者可使用接口批量添加商品，快速开店。只有已通过微信认证、已接入微信支付的服务号，才可以在服务中心申请开通微信小店功能。微信小店的经营流程如下：

第一步：添加商品。

（1）选择类目。

（2）按照指引填写商品的基本信息，包括商品名称、商品图片、运费、库存、详情描述等。

第二步：商品管理。

（1）商品分组管理：可以设置不同的分组来管理商品，分组可用于将商品填充到货架中。

（2）商品上下架：可以快速对商品进行上下架操作。

第三步：货架管理。

（1）货架的定义：商家用于承载商品的模板，每一个货架是由不同的控件组成的。

（2）选择完货架之后，商家可以将分组管理里面的商品添加到货架中。

（3）发布货架：将编辑好的货架点击发布，然后复制链接，链接可以填入自定义菜单中或者下发商品消息中。

第四步：微信小店概况。

可以查看微信小店所有的数据信息，如订单数、成交量等。

第五步：订单管理。

用户支付成功会生成一笔订单，商家可以查询订单并进行发货等操作。

（二）移动端微店

目前，基于智能设备移动端的微店有两类模式：一类为B2C模式，如京东微店，直接通过商家对接消费者；另一类微店类似于C2C模式，多面向个体。其中，C2C模式的微店居多。除了微信自带小店外，市场占有率和影响力较大的微店应用平台有以下四个：

1. 微店

微店由北京口袋时尚科技有限公司开发，是帮助卖家利用手机开店的软件，也是移动端的新型产物。任何人通过手机号码均可开通自己的微店，并通过一键分享到SNS平台以宣传自己的店铺并促成交易。微店降低了开店的门槛和复杂手续，回款为1～2个工作日；支持微信支付、货到付款、银联卡支付；可以通过授权直接接入微信公众号进行运营和管理。

2. 萌店

萌店于2015年上线，是国内移动社交电商平台之一，隶属于上海微盟企业发展有限公司。萌店平台致力于为消费者提供美食与生活消费领域的品质商品，凭借“移动社交＋聚合营销”的购物理念，以全新的拼团模式，通过用户主动分享，促使商品大量曝光，不仅满足了消费者获得商品的意愿，还广泛高效地分享了商品信息，提高了平台美誉度和商品的性价比。

3. 有赞

有赞是一个移动零售服务商，针对各类电商、企业、品牌商以及社交达人分别提供不同的解决方案。通过产品和服务，帮助互联网时代的生意人管店、管货、管客、管钱。旗下提供有赞微商城、有赞微小店、有赞餐饮、有赞美业、有赞收银等面向商家的产品以及面向开发者的“有赞云”服务。

4. 拍拍小店

京东于 2014 年 10 月正式上线拍拍微店，后改名为拍拍小店。企业和个人商家可以通过 wd. paipai. com 申请拍拍小店的开通及装修，以分销模式为主。

三、微商

微商是基于移动互联网的空间，借助社交软件工具，以人为中心、以社交为纽带的新商业。广义上讲，微商是一种利用手机社交软件和移动互联网进行商品销售的新模式。中国电子商会微商专业委员会秘书长冯凌凛于 2017 年 4 月 11 日在第三届世界微商大会上对这一概念进行了补充说明，认为微商＝消费者＋传播者＋服务者＋经营者。

《2016—2020 年中国微商行业全景调研与发展战略研究报告》显示，目前美妆 、针织、母婴、大健康、农特占据微商主要市场份额。由于微商是基于社交媒体进行商业活动，因此目前微商营销的主要载体和平台有微博、贴吧、微信（微信群）、微信公众号、微店、QQ、QQ 空间等。

（一）微商营销者的从业能力

微商营销主要是指基于微信/微信公众号/微店/微博等社交媒体进行的商业活动。微商三要素为：1）粉丝；2）选货；3）推广。微商营销对从业者也有一定要求，从事微商营销一般要求掌握以下 4 项基本能力。

1. 会玩微信、微博、陌陌、QQ 空间等社交平台

微商大部分是建立在移动互联网基础上的，而移动互联网用户大部分分布在这些社

交平台上，因此能玩转这些社交平台方能开展微商活动。

2. 懂营销

从业者应该掌握市场营销原理，掌握市场分析方法，懂一些营销策略和沟通技巧，能够找到精准客户。

3. 有好产品

高品质的产品是微商成功的关键，这是社交属性基本的要求。推广、营销做得再好，产品不行，不能得到用户点赞，这样的微商经营不会长久，更不会有回头客或者新顾客介绍老顾客。

4. 懂交际/有人缘

在移动互联网时代，微商营销不仅是商业利益的嫁接，还具有人情融合、移动社交的碎片化属性，这迫使微商走情感营销之路，其实质是一种人际关系经济。

（二）微商销售模式

1. 终端销售

利用微系统，如在微博、微信、贴吧、微店等工具中展现个人价值，形成个人魅力，聚集粉丝，组建社群，然后销售各类产品。这种模式也称为粉丝经济，是一种终端销售模式。

2. 分销代理

（1）自身是厂商或者总代理，组建分销和零售团队。分销商负责客服、推广，厂商或者总代理负责发货。

（2）另类分销代理模式，类似于传销。不是靠把产品销售给真正的消费者，进行终端零售，而是层层加价，把货甩给下线，下线的下线再发展下线，以达到赚钱的目的。

（三）微商营销操作方法与步骤

1. 做定位

这是做微商的第一步，要知道面对哪些客户群体，大概选择哪些类别、什么层次的产品，市场需求空间到底有多大。

2. 选产品

根据经营目标的市场及消费群体定位进行细化，选择对应的人群、消费性价比和客单价进行系统分析，从而选择一款恰当的产品。需要考虑具体化的市场空间、客单价、保质期、消费群体消费能力等。好货源和服务带来口碑，并形成复购和引来新客源。

3. 加好友/增粉

根据自己的产品情况进行精准定位。没有好友，微商很难进行。详见下文关于加好友/增粉的方法。

4. 常互动

互动是微商的灵魂所在。微商如果没有互动，基本上就没有活力，也就不会有成交。日常朋友圈需要积极互动。例如：常给好友的朋友圈点赞和留言评论。大部分人都希望被别人称赞、夸奖。通常情况下，被点赞的人也会为你点赞、评论。种种互动都是为了让更多的人关注你。

5. 好营销

情感营销是从消费者的情感需求出发，唤起和激起消费者的情感需求，诱导消费者产生心灵上的共鸣。有好的产品，应用好营销策略将事半功倍。例如：分享使用效果和心得，将产品的生产环境拍照进行分享。

6. 有成交

成交是最终的目的。提供售后服务、7天无理由退换保障等附加服务都是提高成交转化率的有效措施。客服转化话术的应用，可以在成交的过程中解决顾客的各种异议，充分赢得顾客的信任。同时配合淘宝店进行经营，对不放心的顾客，可以引导到淘宝店购买。

7. 多维护

老顾客维护是提高复购率、带来新顾客的有效途径。售前、售中、售后都需要与顾客充分沟通，尽量满足顾客的合理要求。保持与顾客的互动，努力与顾客成为朋友。

（四）加好友/增粉的方法

微商营销的本质是自媒体营销，具有去中心化的特点，所以粉丝数量是微商成功与否的关键。目前，一个微信号最多可以加 5 000 个好友，QQ 号好友数量为 500～2 000 个，微博粉丝关注数量没有限制。获取和提升粉丝数量主要从线上线下两个方面打造，具体来说有以下 6 种方法：

1. 利用微信基本功能

1）查找附近的人；2）扫一扫添加好友，如亲朋好友、同事、同学等；3）摇一摇；4）雷达添加好友；5）好友推荐。

2. 活动推广（关注/转发）

在朋友圈里发起活动，利用关注、转发截图领奖的方式推广，通过二次裂变提升粉丝数量。

3. 通过建群、换群、买群进行推广

1）自己建立微信群、QQ 群，拉好友入群；2）设立好友拉人入群奖励金；3）设立好友拉你入别人的群的奖励红包。

4. 购买

可以通过淘宝等平台购买粉丝，但一般精准度不高。

5. 优质内容/软文推广

好的文章和内容能够引来大量的关注和转发，所以内容营销也是自媒体营销的一种主流方法。

6. 小程序抽奖

微信的“抽奖”小程序是增粉的有效方法之一。大多潜在消费者都有贪小便宜的心理，利用该心理吸引潜在消费者关注并参与抽奖能够有效增加粉丝。

7. 线下推广

1）在人群密集的地方，采用扫码关注送小礼物的方式；2）与商家合作，在店铺前台或宣传单上印制二维码，通过扫码关注获取优惠券等方式推广；3）联合推广，利用淘宝、微博、微信、微信公众号的联合推广，包裹快递上粘贴所需推广的公众号的二维码。

【任务实施】

表 2-16 任务实施步骤

步骤	操作要求和说明
一、注册并认证微信	1. 登录 wx. qq. com 2. 通过手机或者智能设备下载并安装微信 App 3. 申请注册并认证微信账号
二、注册微信公众号	1. 登录 mp. weixin. qq. com 2. 通过浏览器登录后注册微信公众号（订阅号/服务号，企业号不做要求） 3. 若条件许可，认证订阅号/服务号，并开通微信支付
三、注册微信小店/微店	1. 登录微信公众号 mp. weixin. qq. com，申请开通微信小店 2. 登录微店 d. weidian. com 3. 申请并开通微店 4. 通过微店上架 2～6 款淘宝店铺在售的商品
四、微信/微信群	1. 通过 QQ、微博、博客、论坛、朋友圈宣传微信号 2. 增加微信好友 30 人以上 3. 建立微信群，提升群成员人数 30 人以上 4. 拉人进群奖励红包 5. 根据网店主推商品，制作一份朋友圈推广简文，不少于 9 张图片
五、朋友圈应用	1. 登录微信公众号平台 2. 点击素材管理，根据网店主推商品，新建图文素材 3. 分析推送时间并安排推送
六、效果评估	微信好友数量、微信群人数、微信公众号关注人数、微店建设情况、新建图文素材微信公众号推广效果、朋友圈图文信息点赞、回复互动情况

【评价反馈】

表 2-17 评价反馈

评分项目	评分标准	分值	得分
微信/微信群	1. 微信好友数量＞50 2. 微信群好友数量＞50	30	
微信公众号	1. 微信公众号注册及认证结果 2. 公众号图文建设＞2，推广效果＞5	30	
微信小店/微店	1. 微信小店/微店建设完整性 2. 微信小店/微店主推商品分析与策划方案	20	
微商营销	1. 朋友圈图文推广效果＞5 个赞 2. 微信公众号推广互动效果 3. 微店推广互动效果	20	
合计		100	

【知识拓展】

微信营销技巧

(1) 不要一个人坐在家里学习微信营销，要经常去一些微信营销的QQ群，看一看大家都在聊什么，在这些群里能学到很多东西。

(2) 微信的认证对提升企业的信任度很重要，所以要想方设法早一点儿通过微信认证，越往后越难办理。

(3) 不一定每一次都推送文章，可以推广一些小的知识、技巧和笑话，只要能帮助潜在客户和读者就可以。每次都推送一条跟微博一样的内容，因为信息量小，不会影响订阅客户的生活，并且客户可以从中学到新的知识，这样的公众号是很受欢迎的。

(4) 经常用微信向自己的朋友推销产品是错误的做法，可能会让你失去这个朋友。如果想利用微信做生意，请重新申请一个账号。

(5) 微信的内容，选择合适的图片很重要，可以经常去相关的微博和网站获取一些行业图片。做微信营销要重视细节，图文要匹配。细分版块，因为版块是供不同层次客户选择分享的，这也让读者有挑选的余地。

(6) 晚上或者下午推送内容最好，因为要考虑这些时间段读者有足够的时间来阅读。

(7) 做好服务500～1 000个微信客户的准备。客户多少不代表营销能力，客户的互动价值和关注价值才是微信营销的核心。多创造和读者沟通的话题，读者关心的话题会让整个公众号活跃起来。

(8) 公众号没有活跃度就是一个死号，每天的内容编辑就是活跃的核心价值。三天打鱼两天晒网没有任何价值。

(9) 微信营销要结合当地市场的消费观、地理文化、地域文化等，否则你所有的内容和辛苦都会白费。经营微信营销的企业应该为行业带来独特的见解，以推动行业发展为主导，以服务客户为导向。

(10) 重视互动。只有通过与客户的沟通，才能取得客户的信任。

【实训练习】

根据自己小组网店的经营目标，进行营销推广分析。注册微信账号并认证，建立微信群。注册认证微信公众号，宣传推广以提升关注人数。注册微店并导入店铺商品。通过微信朋友圈、微信公众号进行商品和服务的宣传推广。通过互动，提升客户满意度。通过微店，补充淘宝网店的单一渠道，以提高网店的曝光量、访问量和销售额。(以4人为一小组)

要求：

1. 登录并注册、认证微信账号；

2. 登录并注册微信公众号；

3. 登录并认证微信支付功能；

4. 分析微店主推商品，在微信公众号后台新建一份图文素材并进行群发推送；

5. 编辑一份简短的商品促销信息，宣传短文+9张图片，并通过朋友圈发送；

6. 监控微信群、微信公众号、微店客户互动交流情况、销售情况、淘宝网店流量导入情况；

7. 撰写一份800字左右的微商营销报告。

【参考文献】

[1] 如何利用微信营销. http://jingyan.baidu.com/article/c74d60006c517e0f6a595dae.html.

[2] 如何做好微信营销. https://www.zhihu.com/question/20392319.

[3] 微信营销. https://baike.baidu.com/item/微信营销.

[4] 微信公众号. https://baike.baidu.com/item/微信公众号.

[5] 微店. https://baike.baidu.com/item/微店/19245578.

[6] 萌店. https://baike.baidu.com/item/萌店.

[7] 有赞. https://baike.baidu.com/item/有赞.

[8] 怎样做一名微商. https://www.zhihu.com/question/22718006.

[9] 微商怎么做？新手入门知识. http://jingyan.baidu.com/article/7908e85c8f2f36af481ad20a.html.

视频营销

视频营销是视频和互联网的结合，具备二者的优点，既有视频短片的优点如感染力强、形式内容多样、创意新颖，又有互联网营销的优势如互动性与主动传播性强、传播速度快、成本低廉等。

视频包含电视广告、网络视频、宣传片、微电影等各种形式。视频营销归根到底是营销活动，因此成功的视频营销不仅要有高水准的视频制作，而且要发掘营销内容的创意与亮点。

【学习目标】

1. 了解视频营销的现状及发展趋势；
2. 能够制作具有创意的视频脚本；
3. 能够制作具有商业价值的短视频并发布运用；
4. 熟悉网红经济的商业模式；
5. 掌握视频营销的运营与管理。

【任务引入】

根据网店流量导入的目标，构思一个创意文案，制作一个短视频，通过短视频平台（如抖音、快手、腾讯视频等）进行宣传推广，并通过虎牙、斗鱼进行直播以对店铺和商品进行推广。

【相关知识】

视频营销是以视频网站为核心的网络平台，以内容为核心、以创意为导向，利用精细策划的视频内容实现产品营销与品牌传播的目的。它是企业多渠道引流的一个有利途径。

网红经济是以时尚达人为形象代表，在社交媒体上聚集人气，以网络红人的品位和眼光为主导，进行选款和视觉推广，依托庞大的粉丝群体进行定向营销，从而将粉丝转化为购买力的一个过程。当前，网红可以分为两类：电竞类网红和时尚生活类网红。网红变现途径有平台签约、电商分成、粉丝礼物/打赏、流量广告、淘宝网店以及其他商业活动六种。

一、视频营销的意义与作用

1. 视频营销的意义

视频营销能生动形象地为广大消费者提供令其印象深刻的品牌信息，加强消费者对品牌的印象。视频营销是网络营销发展升级的趋势，而不是风口，它可以持续收获用户，带来业务合作，有利于企业营销目标的实现。

2. 视频营销的作用

视频具有更好的视觉直观性，用户体验更佳，营销效果持久。比起单纯的文字、语音、图片，视频可以说是这三者的结合体。视频的展示面宽，直接给人们视觉、听觉、语言文字一体化的体验，使其更容易对产品或事物有全方位的感知和了解，因此体验更好。

二、相关专业名词

1. UGC

UGC（User Generated Content）意为用户生产内容，即网友将自己DIY的内容通过互联网平台进行展示或者提供给其他用户。

UGC是伴随着以提倡个性化为主要特点的Web 2.0概念兴起的，UGC并不是某一种具体的业务，而是一种用户使用互联网的新方式，即由原来的已下载为主变成下载和上传并重。社交网络、视频分享、博客、播客等都是UGC的主要应用形式。

在UGC模式下，网友不再只是观众，而是成为互联网内容的生产者和提供者，体验式互联网服务得以更深入地进行。

2. PGC

PGC（Professionally-generated Content）是指专业生产内容，也称PPC，是相对于

UGC 而言的，指的是专业生产内容和专家生产内容。

PGC 和 UGC 的区别是有无专业知识、资质以及在所共享内容的领域是否具有一定的知识背景和工作资历。PGC 都是由专业领域的人生产的。

3. OGC

OGC（Occupationally-Generated Content）是指职业生产内容，即以内容提供为职业的人所生产的内容。PGC 和 OGC 的区别，以是否有报酬为边界：PGC 出于爱好；OGC 是以职业为前提，创作内容属于职务行为。

4. MCN

MCN（Multi-Channel Network）是一种将 PGC 内容整合的多频道网络产品形态，是一种新的网红经济运作模式，亦可视为短视频机构。在国内，MCN 平台以“网红经纪公司”的形式出现，其主要业务是为网络红人和内容创作者提供专业的管理和运营服务，如内容发布、粉丝运营、版权维护、招商变现等。在资本的有力支持下，保障内容的持续输出，从而最终实现稳定的商业利益。

5. 快闪

快闪是“快闪影片”或“快闪行动”的简称，是新近在国际流行开的一种嬉皮行为，被视为一种短暂的行为艺术，即许多人通过网络或其他方式，在一个指定的地点、在明确指定的时间，出人意料地同时做一系列指定的行为或歌舞等，然后迅速离开。

6. 种草

“种草”是网络流行语，意思是把某一事物分享或推荐给另一个人，让另一个人喜欢这一事物的行为，类似网络用语“安利”的用法。

三、视频工具

（一）视频媒体平台与播放器

视频播放器是指能播放以数字信号形式存储的视频的软件，也指具有播放视频功能的电子器件产品。大多数视频播放器（除了少数波形文件外）携带解码器以还原经过压缩的媒体文件，还要内置一整套转换频率以及缓冲的算法。通常兼容支持播放音频文件。目前在我国，市场上占有率较高的综合性视频媒体平台主要有央视网、爱奇艺、优酷、土豆、腾讯视频等；视频播放器主要有QQ影音、暴风影音、迅雷看看、Potplayer、KMplayer等。

（二）短视频

短视频是一种互联网内容传播方式，是指在各种新媒体平台上播放，时长通常为几秒到几分钟不等，适合在移动状态和短时休闲状态下观看并被高频推送的视频内容。内容融合技能分享、幽默搞怪、时尚潮流、社会热点、街头采访、公益教育、广告创意、商业定制等主题。由于内容较短，可以单独成片，也可以成为系列栏目。随着移动终端普及和网络的提速，短平快的大流量传播内容逐渐获得各大平台、粉丝和资本的青睐。

随着网红经济的出现，视频行业逐渐崛起一批优质UGC内容制作者，微博、秒拍、快手、今日头条纷纷入局短视频行业，吸引了一批优秀的内容制作团队入驻。2017年之后，短视频行业竞争进入白热化阶段，内容制作者也偏向PGC专业运作。国家公共信息网络安全监察部门规定，短视频禁止文身、色情、低俗、暴力、约架等不良行为，并开展专项整治工作，加强对网络直播平台的规范管理。

短视频运营形态主要有三种，分别是内容发布型、摄影发布型、社交平台型。视频按生产方式可分为用户生产内容（UGC）和专业人士生产内容（PGC）两大类，通过“内容生产→内容承载→中间商→受众”的途径传播。

1. 短视频平台

对2018年IOS和安卓下载量排名靠前的短视频软件进行分析，发现当前市场占有率较高、在人们生活中使用较为频繁的短视频软件有抖音、快手、美拍、微视、梨视频、小咖秀、土豆视频、秒拍、火山视频、西瓜视频等。单个短视频的播放时间长度主要集中在15秒到5分钟。根据七麦市场研究报告，2018年在我国市场有影响力的短视频平台如图2-20所示。

（1）抖音。抖音是一款可以拍摄短视频的音乐创意短视频社交软件，是受众以年轻人为主的音乐短视频社区平台。

（2）快手。快手的前身叫“GIF快手”。最初是一款用来制作、分享GIF图片的手机应用软件。2012年，快手从纯粹的应用工具转型为短视频社区，成为用户记录和分享生产、生活的平台。

（3）梨视频。梨视频创立初期定位为资讯类视频平台，涵盖商业、社会、科技、娱

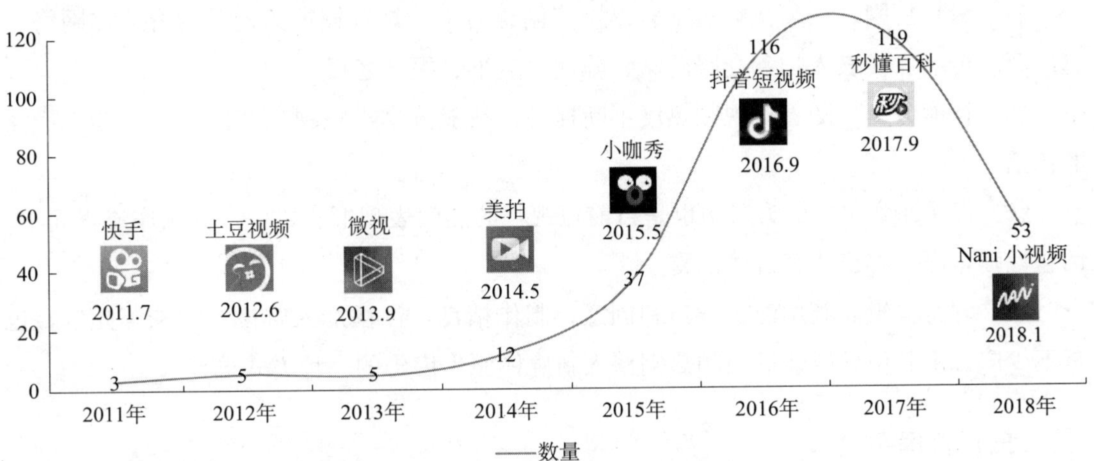

图 2－20　短视频上线时间数量分布

数据来源：七麦数据（www.qimai.cn），七麦研究院整理。

说明：1. 取样周期：短视频 App 上线至 2018 年 5 月 25 日。

2. 精选标准：以行业关键词、分类、应用描述匹配进行数据收集与筛选。

乐、生活方式等领域，经过深度编辑的聚合内容和独家的原创报道，通过灵活而广泛的合作与收益分享体系进行传播。

（4）微视。微视是腾讯旗下短视频创作平台与分享社区。用户可以通过创作短视频来分享自己的所见所闻。微视整合了微信和 QQ 等社交平台，用户可以将微视上的视频分享给好友和社交平台。

（5）西瓜视频。西瓜视频是今日头条旗下独立短视频 App，基于人工智能算法为用户做短视频内容推荐。它让用户的每一次刷新，都能发现新鲜、好看且符合自己口味的短视频内容。

国外著名的视频平台有 YouTube、Vimeo、Netflix、Yahoo! Screen、Dailymotion、Twitch、Ustream 等。

2. 短视频类型

（1）短纪录片。多数以纪录片的形式呈现，内容制作精良，其成功的渠道运营优先开启了短视频变现的商业模式。代表企业：一条、二更、三感。

（2）网红 IP 型。网红形象在互联网上具有较高的认知度，其内容制作贴近生活，庞大的粉丝基数和用户黏性背后是潜在的巨大的商业价值。代表人物：李子柒、papi 酱。

（3）草根恶搞型。大量草根借助短视频风口在新媒体上输出搞笑内容。这类短视频虽然存在一定争议性，但其碎片化传播确实为网民提供了不少娱乐谈资。

(4) 情景短剧。该类视频短剧多以搞笑创意为主，具有较短的情景内容。在网络上有广泛的传播。代表人物：套路砖家、陈翔六点半、报告老板。

(5) 技能分享。随着短视频热度不断提升，技能分享类短视频在网络上有非常广泛的传播。

(6) 街头采访型。街头采访也是目前短视频的热门表现形式之一，其制作流程简单，话题性强，深受都市年轻群体的喜爱。

(7) 创意剪辑。利用剪辑技巧和创意，制作精良，往往加入解说、评论等元素，也是不少广告主利用新媒体短视频热潮植入新媒体原生广告的一种方式选择。

(三) 直播平台

1. 虎牙

虎牙直播的前身为YY游戏直播，是国内资深的以游戏内容为核心，汇聚众多电竞赛事的直播平台。虎牙直播从游戏出发逐渐开拓更多的细分品类，通过明星主播等方式展开泛娱乐直播。目前，该平台涵盖内容包括明星直播、星秀直播、综艺节目和户外直播，如图2-21所示。

图2-21 虎牙直播平台

2. 映客

映客是一款基于视频直播的移动社交应用，主打素人直播理念，开创了“全民直播”的先河，是较早采用“直播+明星”模式的直播平台。该平台为用户提供娱乐、时尚及生动的实时互动，用户可以多种方式进行互动，实时聊天。

3. 斗鱼

斗鱼是一家弹幕式直播分享网站，为用户提供视频直播和赛事直播服务。斗鱼以游戏直播为主，涵盖娱乐、综艺、体育、户外等多种直播内容，是一个平民及全民的泛娱乐平台，如图 2-22 所示。

图 2-22 斗鱼直播平台

市场上占有率和影响力较大的其他直播平台还有花椒直播、企鹅电竞、腾讯直播等。

（四）编辑软件

视频制作软件是将图片、背景音乐、视频等素材经过非线性编辑后，通过二次编码生成视频的软件。除了简单地将各种素材合成视频，视频制作软件通常还具有添加转场特效、MTV 字幕特效、添加文字注释的功能。短视频制作软件属于多媒体视频编辑软件的范畴。

目前，市场使用量及影响力较大的视频制作软件有爱剪辑、AE（Adobe After Effects)、Pr（Adobe Premiere)、CS（Camtasia Studio)、绘声绘影等。以下对前二者进行简要介绍。

1. 爱剪辑

爱剪辑以适合国内用户的使用习惯与功能需求为出发点进行创新设计。其定位为满足人人都能轻松成为出色剪辑师的期望。软件特色功能有好莱坞文字特效、风格滤镜、转场特效、卡拉 OK 效果、MTV 字幕功能等。

2. AE

AE 是 Adobe After Effects 的缩写，是 Adobe 公司推出的一款图形视频处理软件，适用于从事设计和视频特技的机构，包括电视台、动画制作公司、个人后期制作工作室以及多媒体工作室。

四、视频运营

1. 视频运营评价指标

视频营销的核心工作是内容创作，视频创作内容的评价指标和维度虽然各个平台会有所差异，但衡量视频运营效果的指标有一定的共性，主要包括播放量、停留时长、完播率、复播率、评论率和点赞率。

根据人们的生活习惯，研究发现在中午12点前后、晚上6点前后、夜里10点前后这三个时段发布内容，有机会获得更高的流量。

2. 视频营销操作流程

视频营销最重要的是创意、制作、传播三大部分，其中创意是视频营销成功的基石。

（1）创意：创意是指通过大胆新奇的手法来制造与众不同的视听效果，最大限度地吸引消费者，从而达到品牌声浪传播与产品营销的目的。通过独特的技术手法或巧妙的广告创作脚本，突出体现产品特性和品牌内涵，并以此促进产品销售。

（2）制作：视频广告物料制作全流程。先定位视频风格以及当下与产品相关的话题；策划吸引人的脚本；选择合适的演员、合适的场景进行现场拍摄；后期制作围绕以下方面展开：脚本与素材的融合、恰到好处的背景音乐、合适的转场特效、制作加分的字幕。

（3）传播：视频制作好之后，先运用当下流行的视频直播平台多方公布，产生基础的视频传播源，在短视频App内部进行互动，扩大传播量。传播策略主要有视频平台和社交平台。

根据创意、制作、传播流程的基本思路，视频营销操作步骤如表2-18所示。

表2-18　视频营销操作步骤

步骤	内容
步骤1	受众群体定位（STP/营销定位）
步骤2	确定要生成的视频内容类型与规划
步骤3	确定视频分发途径
步骤4	制订预算和生产计划
步骤5	制作视频内容
步骤6	优化视频内容
步骤7	设置成果指标并衡量投资回报率

资料来源：http://www.njanyou.cn/web/2448.html.

视频营销的注意事项主要有：1）将广告做成内容，因为消费者常有过滤广告但阅读文章的习惯；2）精做视频，求质量不求数量；3）把握视频时间，力求短小精悍；4）内容有趣味性且实用，拒绝低俗模仿，持续地为消费者提供好处；5）巧妙植入产品与品牌广告；6）结合热点，不可生搬硬套；7）使用视频模板软件辅助制作，降低中小型企业财务预算。

五、视频推荐法则

衡量短视频是否优质的四大关键点分别是播放量/完播率、点赞率、评论量、转发量。

抖音与快手都是短视频传播平台，其在上热搜的推荐算法上基本相似。

首先，要了解这些衡量短视频的核心指标。其权重规则根据统计数据推导为：播放量/完播率＞转发量＞评论量＞点赞率。

其次，根据指标，抖音系统会分配一个基础的流量池。如果能够在基础流量池中表现优秀，则会进入叠加推荐池；如果继续能够达到一定的标准，还容易上热搜加速传播。

（1）流量池。零粉丝的创作者发布任何视频，抖音系统都会智能地分配给其几十或上百个流量，这个就是流量池。

（2）推荐上热门的基础逻辑：基础流量、推荐叠加、时间效应。在第一次流量池的推荐中如果能达到10%的点赞率和60%的完播率的标准，即可得到下一次推荐，即叠加推荐。

（3）叠加推荐。例如：创作者发布了一个视频，平台给予基础流量池300播放量。其中有5个点赞、1个评论，初步审核的机器人会将其认定为优质，并推送到1 000播放量的流量池。如果数据继续表现良好，会进入1万～10万播放量的流量池，从而让原创优质视频的播放量实现指数级增长。

六、网红经济运作

网红经济和共享经济是目前最红火的商业模式。不管是风口还是趋势，都被企业商家充分利用以实现企业的经营目标。目前，我国有约2 000家MCN机构从事网红经济运营。其中，如涵控股成为第一家登陆美国纳斯达克股市公开发行股票的网红经济公司。

网红打造是从定位到传播的过程。成为一名万众瞩目的网红，首先从定位开始。定位需要考虑以下影响因素：1）兴趣决定命运；2）特长决定深度；3）行业决定出路；4）平台决定高度；5）互动决定转化率；6）辐射范围决定影响力；7）商业模式决定前途；8）供应链决定生命长度；9）远见决定周期。

其次是传播。内容与传播是密不可分的。要想快速抓住人们的眼球并得到分享，需要做的重点工作就是打造内容。内容打造需要围绕以下方面进行：

（1）专业且有深度的内容；

（2）有价值和实质性帮助的内容；

（3）激发情感的内容；

（4）独特新颖的内容；

（5）具有社会流通性的内容；

（6）想说却不敢说或说不好的内容；

（7）有争议的内容；

（8）有价值的故事。

最后是奠定品牌基础。一个网红想要奠定自己的品牌基础，就需要不断地输出价值，分享有价值的内容。

【任务实施】

表 2-19　任务实施步骤

步骤	操作要求和说明
一、营销目标市场分析与定位	1. 分析品牌/商品的市场与受众 2. 确定企业品牌的营销定位
二、注册/登录视频平台	1. 注册抖音、快手平台账号 2. 注册腾讯视频、爱奇艺账号 3. 注册虎牙、映客平台账号
三、制订生产计划	根据项目财务预算与时间长短，制订视频的生产计划
四、制作视频	1. 根据品牌/商品受众的特征，利用创意策略，制作短视频脚本 2. 下载并安装爱剪辑，对视频进行编辑处理
五、视频推广	1. 审核视频内容，并通过视频平台进行发布推广 2. 根据脚本内容进行抖音、映客平台的直播
六、视频效果分析与改进优化	1. 视频投放平台与社群进行推广后，跟踪视频的播放量、停留时长、完播率、复播率、评论率和点赞率等指标 2. 根据指标判断视频运行效果，修改视频讲稿，调整视频营销策略
七、效果评估	效果评价指标：播放量、停留时长、完播率、复播率、评论率和点赞率。另外，需要关注商品销售情况和客户满意度的变化

【评价反馈】

表 2-20　评价反馈

评分项目	评分标准	分值	得分
视频平台应用	能对传统视频平台、短视频平台、直播平台进行应用	20	
视频预算、脚本制作	能根据时间与预算进行规划，根据规划制作脚本	30	

续前表

评分项目	评分标准	分值	得分
视频推广策略应用	品牌/商品的推广策略应用，平台推广、社群推广	30	
评价指标与优化改进能力	播放量、停留时长、完播率、复播率、评论率和点赞率，以及视频优化规划工作	20	
合计		100	

【知识拓展】

网络直播

网络直播吸取和延续了互联网的优势，利用视讯方式进行网上现场直播，可以将产品展示、相关会议、背景介绍、方案测评、网上调查、对话访谈、在线培训等内容现场发布到互联网上，利用互联网的直观、快速、表现形式佳、内容丰富、交互性强、地域不受限制、受众可划分等特点，加强活动现场的推广效果。

现场直播完成后，还可以随时为读者继续提供重播、点播服务，有效延长了直播的时间和空间，以发挥直播内容的最大价值。

国内的网络直播大致分两类。一类是在网上提供电视信号实现播放，如各类体育比赛和文艺活动的直播。这类直播的原理是将电视（模拟）信号经过采集，转换为数字信号输入电脑，实时上传至网站供人观看，相当于网络电视。另一类则是真正意义上的网络直播：在现场架设独立的信号采集设备（音频＋视频）导入导播端（导播设备或平台），再通过网络上传至服务器，发布至网站供人观看。这类网络直播较前者的最大区别就在于直播的自主性，其独立可控的音/视频采集，完全不同于转播电视信号的单一收看。

【实训练习】

以小组网店经营的农副产品（包含水果生鲜和坚果零食）为载体，根据企业品牌宣传与商品推广的目标，制作创意短视频，通过视频平台和社群工具进行营销推广，以提升网店访问量。（以4人为一小组）

要求：

1. 注册短视频平台账号、直播平台账号2个（以当前流行平台为主）；
2. 策划一个视频创意，并创作讲稿/脚本（预算费用和时间）；
3. 根据讲稿/脚本制作视频；

4. 下载视频编辑软件（爱剪辑、AE、CS等），对制作的视频进行编辑；

5. 通过短视频平台、直播平台和社群工具进行传播；

6. 根据评估指标，评估传播效果并改进创意。

【参考文献】

［1］抖音 . https://baike. baidu. com/item/抖音/20784697?fr=Aladdin.

［2］斗鱼 . https://baike. baidu. com/item/斗鱼/17199575.

［3］短视频 . https://baike. baidu. com/item/短视频.

［4］十个国外知名视频网站 . http://www. kguowai. com/news/649. html.

［5］西瓜视频 . https://baike. baidu. com/item/西瓜视频/20843304.

［6］网红经济 . https://baike. baidu. com/item/网红经济/18551949.

［7］史上最深最全网红报告：一场全民虚拟现实狂欢 . http://guba. eastmoney. com/news,hk00250,301092162. html.

［8］如何做好视频营销 . https://www. zhihu. com/question/19579817.

［9］一名成功的网红是如何打造的？. http://blog. sina. cn/dpool/blog/s/blog_189d602f40102xlq7. html.

知识营销

——百度文库、百度百科、百度知道和知乎

社群营销工具除了论坛、博客/微博、微信、短视频与直播外，基于知识营销的问答和社交分享类电商也在市场中占有一席之地。其中，百度、知乎的市场受众和市场影响力非常大，它们正在影响企业营销渠道的访问量和销售额。本任务训练和研究影响成交额的三大因素中的访问量因素。训练内容是应用百度百科、百度文库、百度知道、知乎这些有影响力的社交网络平台来提升网店访问量。

【学习目标】

1. 了解社交媒体营销；
2. 熟悉百度文库、百度百科、百度知道、知乎的作用和方法；
3. 掌握问答推广的操作流程；
4. 能够使用百度百科、百度文库、百度知道、知乎来提升网店访问量。

【任务引入】

根据网店提升访问量的目标，对店铺坚果类商品经营情况进行分析，应用百度文库、百度百科、百度知道、知乎这几个在社会上知名度高、使用者众多的网络平台来提升网店的曝光量和点击率。通过工具的应用，提升店铺流量和销售额。

【相关知识】

社会化媒体营销就是利用社会化网络、在线社区、博客、百科或者其他互联网协作平台与媒体来传播和发布资讯，从而形成的营销、销售、公共关系处理和客户关系服务、维护及开拓的一种方式。一般来说，社会化媒体营销工具包括论坛、博客/微博、微信、SNS社区、图片和直播视频，通过自媒体平台或者组织媒体平台进行发布和传播。

知识营销是指通过有效的知识传播方法和途径，将所拥有的对用户有价值的知识传递给潜在用户，使潜在用户逐渐形成对企业品牌和产品的认知，最终将潜在用户转化为用户的营销行为。知识营销可以通过多种网络营销工具进行，除了自媒体人常用的微博、微信公众号与视频之外，有长尾效应的基于百度社区的百度百科、百度文库、百度知道和知乎也是企业进行知识营销的有效途径。通过知识营销，企业可以把包括产品知识、专业研究成果、经营理念、管理思想以及优秀的企业文化等传递给潜在用户，进而提升企业商品和服务的销售量。

一、百度文库

引用百度官网的定义，百度文库是互联网分享学习的开放平台，汇集1.8亿份高价值文档资料，内容涵盖基础教育、资格考试、经管营销、工程科技、IT计算机、医药卫生等50余个行业。百度文库坚持以“让每个人平等地提升自我”为目标，努力将知识尽可能地分享到每一个需要的角落。

百度文库的文档由百度用户上传，需要经过百度的审核才能发布，百度自身不编辑或修改用户上传的文档内容。用户可以在线阅读和下载这些文档。百度文库的文档涵盖教学资料、考试题库、专业资料、公文写作、法律文件等多个领域。百度用户上传文档可以得到一定的积分，下载有标价的文档则需要消耗积分。当前平台支持的主流文件格式有.doc（.docx）、.ppt（.pptx）、.xls（.xlsx）、.pot、.pps、.vsd、.rtf、.wps、.et、.dps、.pdf、.txt等。

（一）百度文库广告投放流程

1. 准备工作

（1）整理出一批跟本行业相关的文档，如果此文档在百度文库中已经存在，则要考虑换个标题。

（2）编辑好标题后，到百度指数里面查询一下。最好是关键词有相关指数，这样还会有一些其他的展示机会。

（3）调整文档的相关格式，条理清楚。

（4）给文档加上相关的外链，可以是图片广告或者页眉广告。

（5）多注册几个账号，有一两个高级账号即可，其他账号可维持在三级左右。

2. 注意事项

（1）文档标题。文档标题最好能用陈述句或反问句，如“如何……”“怎样……”等。标题要客观、可读性强，这样浏览者才会从众多的文档中选中你的文档。

（2）文档字数。文档字数尽量多一些，以 5～10 页为宜，太短的文档百度会核定为文档质量不高或者可读性差，从而不予通过。

（3）文档字号。如果文档里面放了一些动态或者静态的图片广告，在不下载文档就无法全文浏览且内容较多的时候，就需要把文档的字号调小一些。同时，不要给文档设置财富值，这样读者大都会选择把文档下载下来，你的展示目的也就达到了。

（4）文档格式。通常，不同文档格式通过的概率从大到小依次为：PDF 格式→Word 格式→PPT 格式→Txt 格式。

（5）文档分类。如果是一篇非推广的文档，不按分类投放也有可能通过。但如果是推广类的文档，为了提高通过率，还是需要按相关分类投放，否则通过率低，会直接影响推广效果。

3. 账户升级

（1）百度文库账户的升级其实不是特别难，第一次登录的时候会有 20 积分，每天登录也都会有积分奖励。

（2）找出几篇你认为文库中很少但是又非常有吸引力的文章，不要设置任何广告。给文档下载设定 5 个以下的财富值，这样你的文档每被下载一次都能获得相应财富值，还能获得一定的积分。

（3）多上传一些文档，只要被审核过的文档都会获得积分和财富值。对文档进行评价或推荐，同样可获得积分。

（4）只要账号在三级以上，文档上传的通过时间就会缩短。一些新注册的账号，一个文档上传以后，可能一两个星期还在审核中。

4. 外链技巧

（1）在页眉或者页脚处写上链接，能得到直接展示的机会；

（2）在文章里面做内部链接，就是选中锚文本，给锚文本加链接；

（3）文章内容中直接带出链接，例如：详情可以访问 www. xxx. com。

（二）百度文库广告插入方式

1. 静态广告

（1）在页眉插入广告。能让文档的每一页都带来曝光率，图片很形象，而且表现了想告诉浏览者的所有信息。这就类似于加了一个版权说明，通过的可能性会增加。直接插入硬广也是可以的，如图2-23所示。

图2-23 在页眉插入广告

怎样才能插入这样的硬广呢？只要满足两个条件就可以了：一是百度文库的账号等级要在三级以上；二是文档的质量好，排版的质量和内容的详细程度高。

（2）在文中插入广告。在上传的文档中间插入相关的广告内容，如图2-24所示，这样文档浏览者就能非常清楚地看到广告联系方式了。

图2-24 在文中插入广告

（3）在文档简介中插入广告。很多人在上传文档的时候并不注重文档简介的填写，其实这是文档被搜索的时候出现在百度结果中的重要内容。因此，在利用百度文库进行推广时，建议在百度文库简介中描述一下自己的文档。如果有可能，还可以带上链接，但最好不加“www”，通过率还是很高的。

2. 动态广告

第1步：下载AniGIF.ocx并将之复制到“\\windows\\system32\\”文件夹下。

第 2 步：打开“Word 选项”对话框，切换到“常用”选项页签，在右侧窗格中勾选“在功能区显示”“开发工具”选项卡复选项。回到页面上方功能区，点击“开发工具”选项卡中“控件”功能组右下角的“旧式工具”按钮，单击“其他控件”按钮，单击“注册自定义控件”，找到 AniGIF. ocx 这个文件，确认后就可以在“其他控件”的列表框中找到注册好的 Animation Gif Control 了。

如果使用的是 Word 2003，需从视图菜单下选择“工具栏→控件工具箱”，然后单击控件工具箱右下角的“其他控件”。此时会打开一个悬浮框，拖曳右侧的滚动条到最底端，找到“注册自定义控件”，指定控件文件所在的路径即可完成注册。

第 3 步：右击刚才所插入的控件框，打开“属性”对话框，可以看到“GIF”后面显示的是“No Gif”。将光标定位至“No Gif”文本框中，此时会看到右侧出现了“…”的字样。单击打开“属性页”对话框，通过“Browse”按钮指定需要插入的“. gif”动画文件，就可以看到相关的预览内容了。最后单击控件工具栏中的“设计模式”按钮退出编辑状态，Gif 动画就真正动起来了。

同样的方法也可以应用在 Swf 上面，使用这一方法可以在 Word 里面插入 Gif 图片动画和 Flash 动画。以多媒体的方式展现，给你分享的文档增添了不少乐趣。只要你的东西足够有趣，就会吸引浏览者点击。

二、百度百科

比较大的百科平台有：百度百科、360 百科、搜狗百科、互动百科、维基百科等。这里重点介绍百度百科。

（一）百度百科推广的三大益处

1. 增加高质量的外部链接

百度是国内搜索引擎中用户最多、使用最广泛、影响力最大的。该公司对自身产品照顾有加，在搜索关键词的时候，只要百度知道、百度百科里有的内容，都会出现在搜索结果页的前面，权重极高。因此，在这里留下的外链的权重非常高，对提高企业网站的权重很有帮助。

2. 为网站带来流量

只要留下链接，就有可能被点击，自然就能带来流量。百度百科的流量一般不大，不过用户的质量较高。如果用户通过搜索查看了你所编辑的词条并点击了链接，则其是目标客户的可能性极大。

3. 有助于提升品牌知名度

百度百科是一个很权威的知识性分享平台。一般只要出现在这里，都是被赋予了品牌荣誉的，甚至比许多媒体中的广告更能建立企业品牌的威望。互联网没有地域的限制，品牌形象可以直达每个角落。

(二) 百度百科推广应用技巧

1. 创建百科词条

对于百度百科中尚未收录的词条，可以进行创建。例如：企业可以创建企业品牌词条、行业相关的专业性知识词条，网站可以创建网站品牌词条及网站报道性的动态词条。可在词条中融入自己的品牌和链接，在“参考资料”或“相关阅读”中加入链接。只要认真细致地编写，多使用客观的描述性词语，一般都可以通过审核。

2. 编辑百科词条内容

如果你要编写的词条已经被百度百科收录，则可以对现有词条的内容进行多次编辑。首先分析现有词条内容的完整性，判断可以从哪些方面进一步丰富该词条。当然，编辑内容时一定要遵守百度百科的审核规则。编辑的内容越客观、主题越契合词条名，越容易通过。编辑词条时，在“相关阅读”中很难加入链接，最好在“参考资料”中插入链接。可以对文字进行备注参考，也可以对插入的图片进行备注参考，只要按照规则认真编写，一般不难通过审核。

3. 避免被拒审的技巧

被百度百科拒审的原因不外乎三点：词条含有广告信息、灌水信息或不良信息。百度要求词条的任何位置都不能出现诸如电话号码、QQ号码、邮箱等任何形式的联系方式，也不能在词条内容中加入URL链接。

容易被视作广告信息或不良信息的行为有：在非品牌产品的词条内添加自己的品牌和产品介绍，与词条主题不符；用非第三方的口吻描述，百度百科是一个知识性的百科全书，力求客观、公正，编辑词条一定要以第三方的身份客观地编写；在词条的任何位置添加与词条主题无关的URL链接；在“参考资料”栏中添加与词条无关的URL链接。一旦被检查或被举报是欺骗性的链接，不仅链接会被删除，还面临被封号的风险。

三、百度知道和知乎

网络上常见且知名度较高的问答平台有：百度知道、360 问答、搜狗问问、天涯问问、知乎。其基础功能（核心功能）是：提问、回答、查找答案。这里重点介绍百度百科和知乎。

（一）百度知道

百度知道采取用户有针对性地提出问题，通过积分奖励机制发动其他用户来解决该问题的搜索模式。同时，这些问题的答案又会进一步作为搜索结果，提供给其他有类似疑问的用户，达到分享知识的效果。百度知道的最大特点就在于与搜索引擎的完美结合，让用户所拥有的隐性知识转化成显性知识。用户既是百度知道内容的使用者，又是百度知道内容的创造者。在这里，累积的知识数据可以反映在搜索结果中。通过用户和搜索引擎的相互作用，实现搜索引擎的社区化。

1. 养号阶段

工欲善其事，必先利其器。要想办好一件事，必须有好的工具。只有工具好，办事效率才高。根据自己的爱好和专长，在百度知道中搜索关键词，查询提问的标题，然后回答。需要强调的是，回答不要一样，否则百度还会审核的。只要根据作者的提问详细回答就行了。如果你回答得好，很有可能被选择为最佳答案，因此要用心去回答，不要应付。

2. 提问与回答的技巧

如何使百度知道的外链更容易通过？1）早晨 6 点到 8 点这一时段里更容易通过；2）先做没有链接的提问，通过后再修改回答；3）提问和回答 IP 不在一个城市；4）不要用首页链接，尽量用内页链接。

（二）知乎

1. 知乎概况

知乎是一个真实的网络问答社区，社区氛围友好、理性，集聚着各行各业的精英，他们彼此分享着专业知识、经验和见解，为中文互联网源源不断地提供高质量的信息。

知乎网站于2010年12月开放，三个月后获得李开复的投资，一年后获得启明创投的近千万美元投资。知乎过去采用邀请制注册方式，2013年3月，随着知乎向公众开放注册，其注册用户迅速攀升。

虽然百度知道的霸主地位还没有受到威胁，但是知乎作为一个高速成长的后起之秀还是分得了一块不小的蛋糕，因此知乎已经被看作百度知道的最大竞争者。知乎是一个偏精英交流社区，在这里你能够影响有影响力的人，继而影响更多人。

此外，知乎是一个知识交流社区，注重分享和发现。

2. 提问与维护回答的技巧

提问前把Cookies清除，并且需要注意以下问题：

(1) 建立关键词词库；

(2) 按用户的搜索习惯设置问答文案；

(3) 准备好提问及回答的文案；

(4) 标题、描述、回答必须包含关键词，提高关键词密度；

(5) 提问、回答不可用同一账号、同一IP；

(6) 不可硬性植入广告，广告不能过于明显，否则容易被封号；

(7) 可加问答交流群互粉；

(8) 提问、回答及采纳数量的时间要把握好，以防被封号；

(9) 提升问题的浏览量；

(10) 对答案点赞有利于提升评分；

(11) 常换IP进行操作。

【任务实施】

表2-21　任务实施步骤

步骤	操作要求和说明
一、百度文库应用	1. 登录百度 2. 注册百度文库账号 3. 分析公司的营销目标并撰写百度文库文献，在文中添加商业信息 4. 注册多个账号并升级主账号
二、百度百科应用	1. 登录百度 2. 注册百度百科账号 3. 分析公司的营销目标并撰写百度百科词条，在词条中添加商业信息 4. 注册多个账号并升级主账号

续前表

步骤	操作要求和说明
三、百度知道和知乎应用	1. 登录百度和知乎 2. 注册百度知道账号和知乎账号 3. 分析公司的营销目标并撰写百度知道和知乎问答，在提问或回答中添加商业信息 4. 注册多个账号并升级主账号
四、效果评估	1. 文章数量、文章质量 2. 词条数量、词条质量 3. 百度知道和知乎提问及回答问题数量、质量 4. 导入的网店访问量、转化率及销量等

【评价反馈】

表 2－22　评价反馈

评分项目	评分标准	分值	得分
账号等级	百度文库、百度百科、百度知道、知乎的账号升级≥3 级	40	
文章质量、词条相关性、百度知道、知乎（提问与回答最佳答案）	1. 百度文库的文章数量≥2 2. 词条修改或者发布数量≥1 3. 百度知道、知乎的最佳答案≥1	40	
数据导入情况	店铺通过百度文库、百度百科、百度知道和知乎导入网店的流量≥10 次/周	20	
合计		100	

【知识拓展】

一、百度知道补充知识

凡有下列任何情况的提问、回答或评论，都将被删除：

（1）大量或重复发布指向同一网站的链接。

（2）为了增加流量而故意引导他人到某个网站或论坛。

（3）为某营利性组织或个人做广告。

（4）从事任何物品（包括虚拟物品，如虚拟货币等）的交易。

（5）宣传、发展传销活动。

（6）多次将个人空间地址作为参考或者回答。

（7）同一用户用相同的答案回答了大量不同的问题。

(8) 大量使用百度知道链接作为回答。

二、百度百科应用技巧补充

1. 调查词条的根本属性

做过百科词条的人都知道做词条必须细心，因为目前百科词条已经完善了机制，脚踏两只船根本无法通过。而且，投机取巧意味着给敌手进一步完善的时机，假如敌手完善了一个复杂版本，那么你根本就没有机会来编辑你的版本了，今后即便你修正了，对方也可以申诉回来。目前，百科词条太多了，我们能想到的词条基本上都被创立了，所以我们要做的是编纂本人需求的词条。在编纂一个词条之前，首先要剖析该词条的根本属性。

2. 汇集具体专业材料，创立本人的词条

假如你看到一个词条还没有创立,那么你就可以尝试收集具体的材料来创立。其实百度百科里面还是有不少没有被创立的词条，你可以从SOSO百科和互动百科搬过来，修正一下，然后扩展阅读加上你要推广的网址。只要去找，就一定能找到，特别是本人所在的行业。对比较熟悉的行业，可以去相关网站找一些材料并将之整合，做成一个新词条。

三、百度知道和知乎相关知识点

(1) 百度知道的内部排名规则。以下这些因素与排名有关，并且是可以人为控制的：1) 标题；2) 提问者的等级；3) 回答者的等级；4) 回答数量；5) 好评数量；6) 问题解决时间；7) 提问者对最佳答案的评价；8) “相关内容”的数量；9) 参考资料网址的权威性；10) 关键词密度；11) 内链（百度知道内部链接）；12) 外链（百度知道外部链接）。

(2) 知乎的特色功能有关注、收藏、发现、分享。“关注”功能应该是知乎的核心功能之一。知乎和百度知道不同，它没有庞大的用户基础，也没有百度知道那样海量的问题和对应的答案。知乎的用户往往想要寻求高质量的答案，这就要求有高水平的用户来关注。关注用户的高质量，是实现以人为核心的有效手段。

(3) 知乎营销主要集中于产品宣传、危机公关、CEO品牌传播。

【实训练习】

应用百度文库、百度百科、百度知道、知乎，对坚果类目店铺进行分析，收集、分析、撰写与店铺和商品相关的文件、词条。通过百度知道和知乎提问并使用不同的 IP 进行回答，维护账号。通过以上推广方式，提高网店的曝光量、访问量和销售额。（以 4 人为一小组）

要求：

1. 注册并登录百度百科、百度文库、百度知道、知乎；
2. 分析与店铺和商品相关的资料并下载、整理；
3. 撰写百度文库文章，构思和编辑百科词条，在百度知道和知乎上进行提问和回答维护；
4. 撰写一份 600 字左右的推广心得。

【参考文献】

[1] 图文详解百度文库推广怎么做 . http://wenku. baidu. com/view/82f05c472f3f5727a5e9856a561252d380eb2080.

[2] 企业进行知乎营销到底该怎么玩？. http://wenku. baidu. com/view/ef922f76cc22bcd127ff0c74. html?from=search.

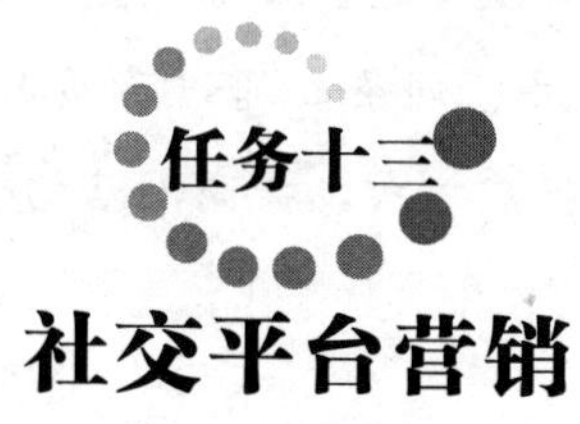

任务十三 社交平台营销

——社交电商营销

小红书、蘑菇街和美丽说是社交分享电商，这类平台也建有商城店铺，为消费者提供网购服务。最近两年，基于社交分享的电商平台用户群体快速增加，市场影响力也越来越大。这类营销工具既具有社交属性，又具有平台电商属性。营销体系的构建需要以整合各种资源为基础。因此，企业也逐渐把渠道延伸布局到人气越来越旺的社交平台上。本任务训练内容是应用社交平台营销方式来提升网店访问量。

【学习目标】

1. 了解社交分享电商；
2. 熟悉小红书、蘑菇街的功能；
3. 掌握小红书的商家入驻与营销策略；
4. 能够入驻蘑菇街并通过该平台进行直播。

【任务引入】

根据网店提升访问量的目标。对店铺坚果类产品经营情况进行分析，注册并应用小红书、蘑菇街进行营销，提升网店的曝光量和点击率。通过平台间的联动，提升店铺流量和销售额。

【相关知识】

社交电商平台随着2019年直播热度的提升而快速发展。其中，最具有代表性的基于进口商品的小红书、基于内贸商品的蘑菇街获得了较高的热度、较快的GMV增长。其中，小红书的用户群体飙升至3亿，蘑菇街年活跃用户也维持在3 000万以上。

一、小红书

小红书于2013年在上海创立，是年轻人的生活方式平台和消费决策入口，致力于让全世界的好生活触手可及。在小红书，用户通过短视频、图文等形式记录生活点滴。截至2019年7月，小红书用户数超过3亿，并持续快速增长，其中70%的用户是90后。

1. 小红书的核心业务

小红书的核心业务如表2-23所示。

表2-23　小红书的核心业务

核心业务	内容描述
小红书社区	小红书社区每天产生超过30亿次的笔记曝光，内容覆盖时尚、个护、彩妆、美食、旅行、娱乐、读书、健身、母婴等各个生活方式领域
小红书福利社	小红书自营的电商平台主营进口商品。在福利社，用户可以一键购买来自全世界的优质美妆、时尚、家电、零食四大品类的商品
小红书之家	小红书在上海、常州、苏州、宁波共有5家线下体验店RED HOME（小红书之家），集合了社区精选口碑好物
品牌号/小红书商城	整合公司从社区营销一直到交易闭环的资源，更好地连接消费者和品牌。品牌企业入驻平台进行电商运营

小红书既是一个网络社区，也是一个跨境电商，还是一个共享平台，更是一个口碑库。目前，小红书的内容覆盖时尚穿搭、护肤彩妆、明星等18个话题。

2. 企业品牌在小红书的营销推广策略

小红书是社区起家，因而“发布笔记”这一模块一直都是小红书提高活跃度的一大利器。小红书的用户群体以女性为主，女性天生喜欢分享和记录生活，“发布笔记”这一模块较好地满足了“爱分享”的需求。小红书推广主要分为明星推荐、网红联动霸屏、红人/达人种草、素人种草，目的是获得平台推荐展现（霸屏）机会。小红书品牌营销推广策略如表2-24所示。

表2-24　小红书品牌营销推广策略

小红书品牌推广策略	策略描述
明星推荐	明星以图文或者视频的方式来推荐商品，加上明星专属推荐标签的商品容易成为爆款
网红联动霸屏	每位网红的私域流量不一样，联合多位网红实现刷屏的现象，借助不同的粉丝扩大影响力，以求获得小红书平台的内容推荐机制

续前表

小红书品牌推广策略	策略描述
红人/达人种草	通过头部网络红人发布的测评笔记内容来引导消费者进行消费。网红通过评论与粉丝互动交流，引导消费
素人种草	专题策划，好的内容选题和内容加工在小红书千人千面的内容分发机制下，依然可以获得较高的展现量

二、蘑菇街/美丽说

1. 蘑菇街

蘑菇街是专注于时尚女性消费者的电子商务网站，是时尚和生活方式目的地，通过形式多样的时尚内容等时尚商品，让人们在分享和发现流行趋势的同时，享受购物体验。2016 年，蘑菇街与美丽说进行战略融合，公司旗下包括蘑菇街、美丽说、UNI 等。2019 年蘑菇街年报显示，截至 2019 年 3 月 31 日，蘑菇街平台的年度活跃用户数为 3 280万，蘑菇街平台 GMV 为 174.08 亿元，直播业务 GMV 较上年增长 138.1%。

不同于小红书定位的跨境进口商品，蘑菇街定位为内贸商品为主。从蘑菇街招商后台我们看到蘑菇街对 12 大类商品进行招商，其中个别品类还有面向大品牌的定向招募。品牌店铺类型分为旗舰店、专卖店、专营店三种。平台收取市场保证金 20 000 元、品牌保证金 30 000 元，每笔交易的软件服务收费从 0.5%至 5%不等。

蘑菇街主要的用户群体是 18～30 岁的年轻女性。调研发现，该年轻女性群体选择产品的重要因素：第一是款式，第二是价格，第三是质量和服务，第四才是品牌。根据目标消费群体的特征，平台上定位在个性化的质优价廉商品的商家往往能获得较好的市场反应。由于蘑菇街和淘宝网等平台有非常多的共性，因此淘宝网的营销推广、转化策略基本上都适用于蘑菇街。

2. 美丽说

美丽说是国内白领女性时尚消费品牌，目前拥有超过 1 亿的女性注册用户，其中 58.3%的用户是 23～30 岁的年轻白领。美丽说在成立之初就开创了社会化电商导购模式；2013 年转型为女性时尚垂直品类电商；2016 年并入蘑菇街成立美丽联合集团；2020 年美丽说 App 原有的功能已经缩减，保留了平台上的红人话题分享功能。

图 2-25 为手机端小红书、蘑菇街、美丽说界面示例。

（a）小红书　　　　（b）蘑菇街　　　　（c）美丽说

图 2-25　手机端小红书、蘑菇街、美丽说界面

【任务实施】

表 2-25　　任务实施步骤

步骤	操作要求和说明
一、下载并注册小红书、蘑菇街	1. 打开腾讯应用宝/360 手机助手等 App 下载平台 2. 下载小红书、蘑菇街 App 3. 注册小红书、蘑菇街账号
二、分析平台用户群体特征、店铺销售策略	1. 登录小红书、蘑菇街 2. 查看平台关于坚果类产品的笔记、销售坚果类产品的店铺 3. 分析消费者特征 4. 分析销售坚果类店铺的销售策略
三、策划促销软文，应用小红书、蘑菇街的笔记推广	1. 根据店铺优势策划一份促销软文 2. 研究小红书、蘑菇街的笔记规则 3. 通过小红书、蘑菇街笔记发布撰写的促销软文
四、效果评估	1. 软文的图文内容质量 2. 笔记的阅读数量 3. 笔记的点赞、留言、分享数量 4. 导入的网店访问量及销量等

【评价反馈】

表 2-26 评价反馈

评分项目	评分标准	分值	得分
小红书、蘑菇街注册信息	小红书、蘑菇街注册信息完善情况	30	
撰写软文的图文质量	1. 软文促销信息 2. 软文的图文表达质量	30	
笔记发布效果	1. 笔记点赞≥20 2. 笔记评价≥5 3. 笔记转发≥2	20	
平台访问量/销售情况	网店访问量增加>20，销售笔数增加>2	20	
合计		100	

【知识拓展】

小红书商家运营注意事项

运营小红书时需要注意的事项主要包含以下 4 个方面。

1. 发布内容方面

发布内容时要考虑解决潜在客户的疑虑问题。通常我们选取一张图加上 3 个标签就可以解决。海外购物的潜在客户疑虑主要集中在“要买什么”“去哪里买”“价格多少”三个方面。

2. 发笔记方面

高质量的图片，特别是首图更能吸引读者的关注。小红书带有滤镜功能，有助于用户美化图片。小红书平台商城没有成交量的展示，但是有点赞量、收藏量和评论量的显示。按照其推广规则，点赞量和收藏量越多，曝光的概率也就越高。

3. 涨粉方面

小红书平台基于数据结构化的定向推广，将笔记内容按目的地、类别、相关品牌分类，形成数据库，便于用户查询。推送方式不会因粉丝多而一直推送，优选的内容会优先推送，所以说优选的内容输出才是推广的核心，走真情实感路线更容易加分。任何一篇笔记需要多加关键词和话题/标题，结合热点和节点输出相关品牌和产品内容会增加曝光量和浏览量。小红书做增粉推广活动时，用户需要满足的条件包括：小红书天数、小红书等级、小红书互动、优质文案输出、蹭热度等。

4. 推广技巧方面

（1）首图。首图要清晰且内容吸引人。用户在观看小红书的时候，首图影响观看笔记的占比大于70%。如果首图足够吸引人，那么笔记的点击率会大大提高。

（2）标题。创作一个足够吸引人的笔记标题。标题的作用很大，一篇高热度的文章，在很大程度上取决于足够吸引人的标题。

（3）内容质量。内容决定笔记的转化。用户平时要多看、多写、多学，多参照内容质量比较好的爆文，建立一个文案库，归纳整理出某领域/行业的爆文模板，以备后期写软文的时候进行参考。结合整理的素材和模板，按照框架来创作笔记，不仅效率高，而且质量也高。

（4）关键词。发布笔记时，确保分享的笔记内容包含晒图、品牌标签、价格和地点标签。日常应收集潜在客户主要集中的地区和达人的类别讯息。

（5）因需求而产生的内容。小红书会将笔记分为美妆、护肤、家居、美食、保健、搞笑等类别，找到合适的内容去深度挖掘笔记，能更好地提升用户购买转化的效果。

【实训练习】

下载小红书、蘑菇街App，注册并登录平台；收集并分析小红书和蘑菇街用户群体的特征、坚果类店铺商家的销售情况；结合小组店铺经营的商品，策划并撰写一个符合平台笔记规则的文案，在小红书、蘑菇街上发表小组策划的文案（条件许可的小组通过蘑菇街举办一场小直播）。通过以上推广方式，提高网店的曝光量、访问量和销售额。（以4人为一小组）

要求：

1. 下载小红书、蘑菇街App，注册并登录平台；
2. 分析平台食品类目下坚果类店铺的销售方法与促销策略；
3. 撰写一份关于坚果类产品或农副产品的有吸引力的内容营销方案；
4. 通过小红书、蘑菇街平台发布笔记（条件许可的小组通过蘑菇街举办一场10分钟的商品推销直播）。

【参考文献】

[1] 4大策略+7大技巧全面解读小红书营销攻略. https://www.sohu.com/a/303155300_487503.

[2] 谈谈小红书的运营策略. https://www.niaogebiji.com/article-18776-1.html.

[3] 蘑菇街规则. https://cs.mogu.com/rule/mogu.html?categoryId=1iq.

门户网站广告营销

大型门户网站由于具有巨量的客户使用群体，因此对企业的影响力和公信力都具有较大的权威性。基于此，很多企业把门户网站广告营销作为在营销体系构建中全渠道营销的一个重要部分。特别是对大型企业在树立企业品牌形象时的作用较大。网络营销核心内容是围绕公式"成交额＝访问量×转化率×客单价"展开的。本任务训练和研究影响成交额的三大因素中的访问量因素，训练内容是应用门户网站广告的营销方式来提升网店访问量。

本任务训练的所有内容必须严格遵守《中华人民共和国广告法》。

【学习目标】

1. 熟悉门户网站广告的作用和方法；
2. 掌握门户网站广告投放的操作流程；
3. 能够使用门户网站广告提升网店访问量。

【任务引入】

根据网店提升访问量的目标，对店铺坚果类商品经营情况进行分析，应用网络广告的营销推广方式提升网店的曝光量和点击率。通过对门户网站广告的应用，提升店铺流量和销售额。

【相关知识】

门户网站广告是指在门户网站上做的广告，利用门户网站上的广告横幅、文本链接、多媒体的方法刊登或发布广告，通过门户网站传递给互联网用户的一种广告运作方式。相对于电视、广播、报纸、杂志等传统媒体，门户网站广告是目前网络信息化产业发展后形成的新的广告趋势。常见门户网站广告形式有图片、Flash、文字链接、视频、富媒体等。

门户网站广告的本质是向互联网用户传递营销信息的一种手段，是对用户注意力资源的合理利用。网络营销方法也可以理解为门户网站广告的具体表现形式，并不局限于放置在网页上的各种规格的广告，电子邮件广告、搜索引擎关键词广告、搜索固定排名等，都可以理解为门户网站广告的表现形式。

CNNIC 第 46 次调研报告显示，截至 2020 年 6 月，中国网民规模达 9.40 亿。艾瑞咨询 2019 年度中国网络广告核心数据显示，中国网络广告市场规模达到 6 319.9 亿元。中国广告市场规模及网络广告市场规模的相关数据如表 2－27、图 2－26 和图 2－27 所示。

表 2－27　中国广告市场规模及网络广告市场规模的测算

年份	2013	2014	2015	2016E	2017E	2018E	2019E
中国广告营业总额（亿元）	5 019	5 606	5 978	6 489	6 975	7 463	8 006
增速	7%	12%	7%	9.0%	7.5%	7.0%	7.2%
中国网络广告收入总额（亿元）	1 105.2	1 546.0	2 184.5	2 902.2	3 828.7	4 970.7	6 214.6
增速	43.0%	39.9%	41.3%	32.9%	31.9%	29.8%	25.0%
中国网络广告占广告市场比重	22%	27.6%	36.5%	44.7%	48.7%	54.9%	77.5%

资料来源：根据企业公开财报、行业访谈及艾瑞统计预测模型估算。

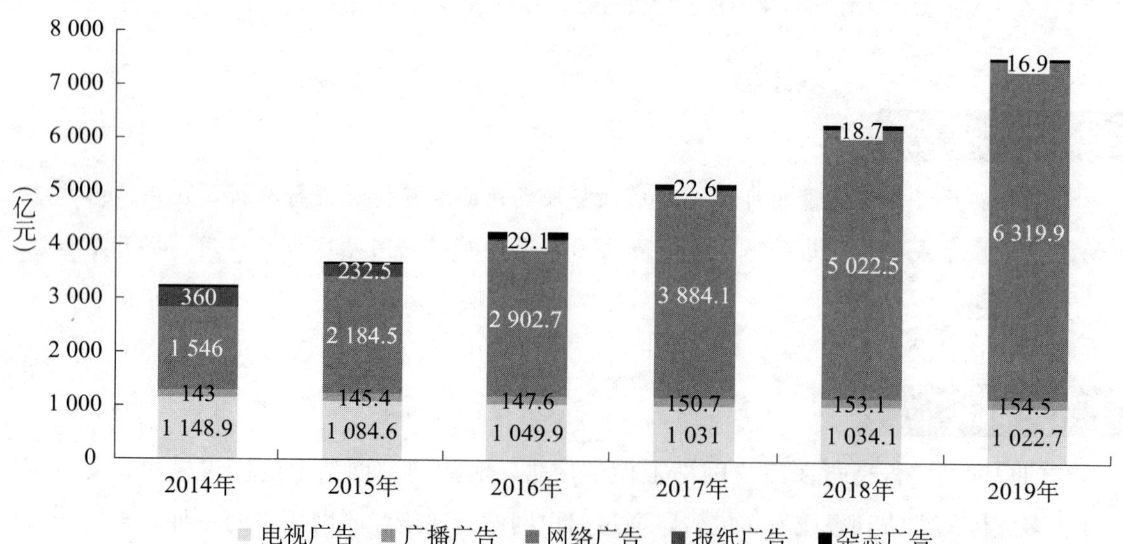

图 2－26　中国五大媒体广告收入规模与预测（2014—2019 年）

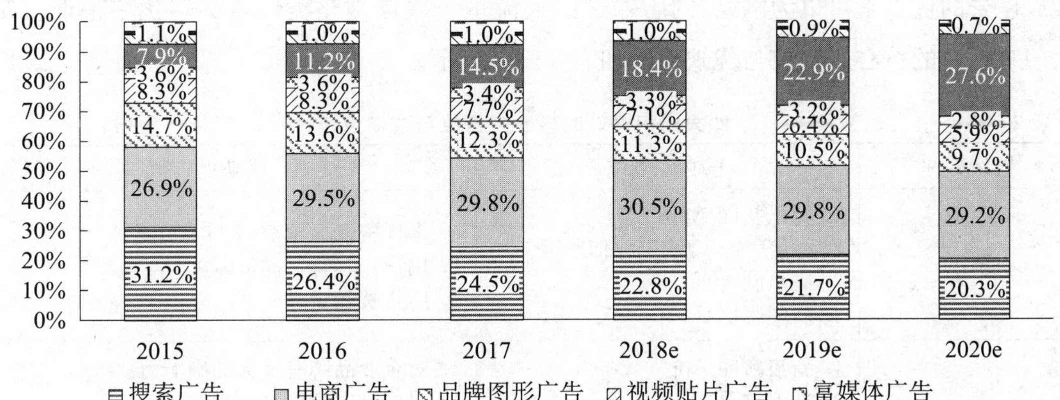

图 2－27　中国不同形式网络广告市场份额与预测（2015—2020 年）

注释：1. 搜索广告包括搜索关键词广告及联盟广告，搜索引擎广告>搜索广告>搜索关键词广告；2. 电商广告包括垂直搜索类广告以及展示类广告，如淘宝、京东、去哪儿；3. 其他形式广告包括导航和门户及社交媒体中的效果类广告。

资料来源：根据企业公开财报、行业访谈及艾瑞统计预测模型估算。

一、门户网站简介

门户网站是指提供某类综合性互联网信息资源并提供有关信息服务的网络应用系统。这里所指的门户网站是综合性网站，该类网站以新闻信息、娱乐资讯为主。其盈利模式主要依靠广告费、订阅费以及交易费等。著名的门户网站有新浪、网易、搜狐、腾讯、新华网、人民网、凤凰网等。如图 2－28 所示。

图 2－28　新浪、搜狐、网易、腾讯四大门户网站

门户网站主要包括大型综合门户、行业门户、地方门户。这些门户均有其不同的受众群体。其优势是网站内容丰富、总用户人数多。我国综合性门户网站拥有巨大的用户群体，我们通过 Alexa 调研三个月 UV 平均值，发现新浪为 1.316 8 亿、搜狐为 2.256 亿、网易为 0.108 8 亿、腾讯为 2.446 亿。在巨大的流量池里，通过综合门户投放广告可以使企业获得非常好的曝光量，但相应的广告价格也非常高昂。通过长期跟踪调研发现，有实力的大中型企业做品牌推广时，较多选择这类综合性门户网站。大型门户网站投放广告的优点是可以为网站/网店输送巨大流量，缺点是整类广告的转化率偏低。四大门户网站的核心广告位与优缺点。如表2-28所示。

表2-28 四大门户网站的核心广告位与优缺点

网站名称	核心广告位	优缺点
腾讯	1. 腾讯新闻App 2. 微信广告/QQ广告/信息流广告 3. 腾讯网首页 4. 新闻底层页	1. 多样资源，覆盖超11亿用户 2. 用户年轻化，高活跃度 3. 广告费较贵
新浪	1. 新浪新闻App 2. 新浪首页 3. 新浪新闻频道	1. 对企业品牌有较大的影响力 2. 对广告内容限制较多 3. 广告费较贵
搜狐	1. 搜狐资讯App 2. 搜狐首页 3. 搜狐视频	1. 较大的电子商务客户支持力度 2. 图文创意监管不是很严格 3. 拥有资源定向的技术优势
网易	1. 网易新闻App 2. 网易首页 3. 网易邮箱	1. 游戏效应下的用户年轻化，消费能力强 2. 支持电子商务网络广告投放 3. 按点击广告位需采购50%的固定位置

二、门户网站广告类型

广告是指向社会广大公众告知某件事物。从商业的角度定义，广告是指企业基于经营目标推销商品或提供服务，以付费方式通过广告媒体向消费者或用户传播商品或服务信息的手段。

网络广告在各大门户网站上的表现形式基本一致，主要有以下类型：

(1) 文字链接广告（Hypertext Link Ads）：显示带有超级链接的文字，通过点击链接跳转到对应的网页。

(2) 横幅广告（Banner Ads）：最早的网络广告形式，是以Gif、Jpg等格式建立的图像文件，定位在网页中，大多用来表现广告内容，同时可使用Java等语言使其产生交互性，用Shockwave等插件工具增强其表现力。

(3) 按钮广告（Button/LOGO Ads）：又称标识广告，定位在网页中，尺寸偏小，表现手法较简单。

(4) 通栏广告（Full Column Ads）：横跨页面中央，长条形标识广告，可呈现Jpg、Gif、Flash创意。

(5) 页面悬浮广告（Floating Button Ads）：在网页上悬浮或移动的非鼠标响应广

告，形式可以为 Gif 或 Flash 等。

(6) 鼠标响应网页悬浮广告（Mouse Over Floating Icon Ads）：在网页上悬浮或移动的鼠标响应广告，形式可以为 Gif 或 Flash 等。

(7) 弹出窗口广告（Pop-up Windows Ads）：在访问网页时，主动弹出的广告窗口。

(8) DHTML 动态广告（DHTML Ads）：当用户打开页面时，该广告将在页面中以静态或动态的方式停留一段时间，然后消失在屏幕上，或者以一定的轨迹缩到页面中原有的网幅广告上。

(9) 长方形大尺寸广告（Rectangle Banner Ads）：比一般的横幅广告大 30%的长方形广告，画中画广告可包含其中。

(10) 长纵式大尺寸广告（Vertical Banner Ads）：通常所说的擎天柱广告/对联广告，一般利用网站页面左右两侧的竖式广告位置，是巨幅广告的一种。

(11) 全屏式广告（Full Screen Ads）：用户打开浏览页面时，该广告以全屏方式出现 3～5 秒，可以是静态的页面，也可以是动态的 Flash 效果，然后逐渐缩成普通的尺寸，进入正常阅读页面。

(12) 插播式网幅广告（Interstitials Ads）：插播在网页下载过程中的一种广告。

(13) 伸缩式网幅广告（Retractable Banner Ads）：伸缩功能通过两种方式来实现，一种是点击伸缩通栏右上角的“扩展广告”字样，另一种是直接点击伸缩通栏。当网友看完伸展开的广告以后，可以再次点击右上角的“收缩广告”字样，伸展开的广告会马上收缩回去。

(14) 网上视频广告（Online Video Ads）：可以直接将广告客户提供的电视广告转成网络格式，实现在线播放。

(15) 网上音频广告（Online Audio Ads）：在各种广告形式中加入声音，增强广告效果，加深受众印象，综合利用视觉、听觉效果对用户进行说服的网络广告。

三、门户网站广告投放模式与计费方式

（一）门户网站广告投放模式

1. 实时竞价（Real Time Bidding，RTB）

RTB 是指利用实时竞价的方式购买展示广告，广告主可根据广告交易平台所提供的数据，包括访问者来自的网站及地区等，来决定是否竞投该广告展示及设定出价。

(1) DSP（Demand-Side Platform）指需求方平台。DSP 是一个系统，也是一种在

线广告平台，是RTB的基础。它服务于广告主，帮助广告主在互联网或者移动互联网上进行广告投放。DSP不是从网络媒体那里包买广告位，也不是采用CPD（Cost Per Day）的方式获得广告位，而是在广告交易平台通过实时竞价的方式获得对广告进行曝光的机会。DSP通过广告交易平台对每次曝光单独购买，即采用CPM（Cost Per Mille）的方式获得广告位。

（2）SSP（Supply-Side Platform）指供给方平台。与DSP一样，也是RTB的基础，目的是充分利用媒体资源（流量），达到最优收益。

2. 互联网广告交易平台

互联网广告交易平台联系着DSP（需求方平台）和SSP（供给方平台），通过接入SSP汇集大量媒体流量，从而收集处理属于广告目标客户的数据，它是实现精准营销的交易场所。在国外，主要有雅虎的RightMedia、谷歌的DoubleClick等；在国内，近年来阿里巴巴、新浪、腾讯等网站也纷纷推出了各自的广告交易平台。

3. 网盟

网盟聚集了各色网站，连接上万家甚至几十万家网站，同时架起与广告主之间的桥梁。广告主通过网盟在网站上投放广告，网站通过加入网盟获得利润。

（二）门户网站广告计费方式

由于各大门户网站的收费方式灵活多样，没有统一标准，因此这里只列举4种常见的广告计费方式。

1. CPM

最科学的收费方式是按照有多少人看到你的广告来收费。按访问人次收费已经成为移动广告平台的惯例。CPM（千人成本）是指在广告投放过程中听到或者看到某一广告的每1 000人平均分担的广告成本。CPM取决于“印象”尺度，通常理解为人的眼睛在一段固定的时间内注视一个广告的次数。目前，大部分网络平台的统计标准是网页打开一次即算一次展现。

2. CPC

每点击一次计费一次。这样的方法加上点击率限制可以提高作弊的难度，而且是宣

传的最优方式。但是，此类方法有不少人觉得不公平，比如，虽然浏览者没有点击，但是已经看到了广告。现在，各大门户网站较少采用这种计价方式，典型的使用者是淘宝直通车和百度关键词竞价推广。

3. CPA

这种计价方式是指按广告投放的实际效果，即按有效问卷或订单来计费，而不限广告投放量。这种计价方式对于网站而言有一定的风险，但若广告投放成功，其收益也比 CPM 高得多。现在，基本上没有网站使用这种计价方式了。

4. 包月广告

顾名思义，包月广告就是广告主和供应商商定好一个价格，按月收费。包月模式有一个风险，即广告位在卖出去前可能会一直空着，而且不一定会为网站经营者带来更多收入。因为广告主也很精明，他们会去计算包下这个广告位每个月能产生多少点击量，用月费除以点击数计算 CPC 成本。因此，这一计价方式的本质与 CPC 是一样的。

无论采用 CPM、CPC 还是 CPA，广告主都可以根据自身产品特性进行选择，这和传统互联网广告是一样的。由于电商行业的快速发展，目前移动广告平台还出现了 CPS（按每次购买计费）计价方式，但普遍效果还不够好，原因更多在于移动支付方面还有诸多不便的地方。目前，国内绝大部分移动广告平台都支持 CPM、CPC、CPA 计费方式，在选择移动广告投放时，广告主可更多考虑移动广告平台的稳定性和媒介资源的深度。

四、门户网站广告投放步骤

1. 确定广告要达到的目标

企业需要确定在门户网站投放广告的目标。通常，投放电子商务类网站主要是为了增加销售额；投放资讯类网站是为了提升注册量（粉丝经济）；部分企业是为了做品牌，提升品牌知名度。

2. 根据目标制定广告预算

每天开发多少个客户，需要的广告费是多少，都要有个预算。例如：开发一个客户需要 50 元，那么开发 100 个客户需要的成本乃至投放的资金，都要有所预期。

3. 选择媒体

前期的网络策划和后期的媒体选择是网络广告投放非常关键的一步，投放得越精准，效果越好。切记：只选对的，不选贵的。

4. 分析广告位

网络广告是在门户网站首页投放还是在频道页投放，是在左侧投放还是在右侧投放，都需要选择，都需要分析。可以参考 Alexa 排名中的各频道访问量，也可以根据论坛评论、帖子的标题来分析能否投放，以达到想要的结果。然后根据企业网站做的是品牌还是销售来进行选择，做品牌就可以尝试在大型门户网站投放适量广告；做销售则更适合首选购物类网站做广告。根据用户需要，进行准确的广告投放。

5. 制作创意广告

根据最近的调查结果，大多数用户喜欢看新颖的标题、富有创意的图片。因此，广告语要明确写出能给用户带来什么、解决什么问题，内容不能过长。广告要经常更换，好广告需要不断更新，从而加深用户对该品牌的记忆。

6. 进行广告投放测试

同广告、同页面、同位置，要进行综合数据（PV、IP、注册量、询盘量、成交量）的测试；采用不同的广告测试方法，可以尝试不同的广告位、不同的素材、不同的落地面。百度统计是很好的统计工具，用户进入页面的停留时间、PV、进行了哪些操作，都可以表现出来。只有尝试多次测试，才能更准确、更高效地得出有利用价值的结果。

7. 进行广告监测

了解用户的需要，分析用户的跳失率，进行统计调查，以解决问题、提高成交量。

五、门户网站广告投放平台

各大门户网站的业务各有特色和差别，这里仅以新浪网、淘宝联盟的广告投放为例。目前影响力较大的门户网站广告投放平台还有百度联盟、腾讯社交广告等。门户网站通常是大型企业品牌建设的推广渠道，中小型贸易类企业使用量不大。

(一) 新浪网广告投放

新浪网的总用户数量约为 4.1 亿，活跃用户在 8 000 万左右。随着新闻获取渠道的多样化，新浪网的流量有下降的趋势。广告是新浪网主要的收入来源，广告营收占整体营收的比重大于 60%。品牌广告所占的比重很大。新浪网发布的 2019 年第三季度财务报告显示，广告营收为 4.611 亿美元。

新浪网广告的售卖方式有常规折扣（六折左右）、点击购买（基本关闭了）、位置包断三种，对电子商务行业比较支持。但是，随着品牌广告投放的复苏，新浪网逐渐减弱了对电子商务行业低折扣购买政策的支持力度。新浪网的核心广告位比较集中，主要分布在三个位置，分别是：新浪网首页、新浪网新闻频道首页、新闻最终页。

1. 新浪网首页

（1）新浪网首页第一通栏：点击量约为 3 万，品牌广告主最爱，处在新浪网首页首屏的核心位置。

（2）新浪网首页要闻区焦点图：点击量约为 4 万，品牌广告主最爱，是新浪网首页最核心位置，价格昂贵。

（3）新浪网首页左侧擎天柱：点击量约为 3 万。

（4）新浪网首页二通栏：点击量约为 2.5 万。

（5）新浪网首页三通栏：点击量约为 1.5 万，转化率比较稳定。

（6）新浪网首页四通栏：所在区域没有核心内容，导致此广告位效果较差。

2. 新浪网新闻频道首页

（1）顶部通栏的点击量约为 1 万，由于没有投放数据，转化情况不是很清楚。

（2）一通栏、二通栏的点击量约为 8 000，三、四、五、六、七通栏的效率递减。现在，新浪网新闻中心的流量不及首页的一半，广告价值有所下降。

3. 新闻最终页

（1）第一画中画：点击量约为 3 万，是新浪网又一个核心位置，售卖给品牌广告主比较多，电商客户很少投放。

（2）第二、三画中画：点击量约为 1.5 万，售价昂贵，点击转化率比较理想，但是一般客户买不起。

了解新浪网广告的定位、作用和费用之后，非常重要的一点就是找有实力的代理商，这样能节省很多费用和时间。

(二) 淘宝联盟广告投放

这里的淘宝联盟广告特指淘宝硬广。淘宝联盟广告投放操作方式如图2-29所示。

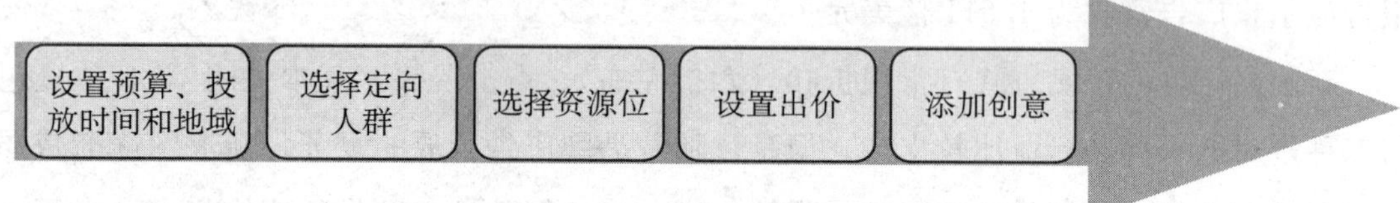

图2-29 淘宝联盟广告投放操作方式

1. 硬广的分类

淘宝硬广分为常规广告、客户端广告和富媒体广告，商家可以根据自己店铺和产品的需求来选择。

(1) 常规广告。常规广告分布在淘宝网首页、天猫首页及各大频道页面，具有超高流量及点击率，是整体营销与主题活动推广的基础性资源，包括淘宝网首页焦点图、横幅广告、通栏广告、画中画广告等。

(2) 客户端广告。阿里旺旺是卖家与买家即时沟通的工具，拥有2亿多用户，每天登录用户超过2 000万。可按照不同时段、地域以及用户属性进行多维度定向投放广告，为商家实现精准营销。

(3) 富媒体广告。富媒体广告综合了流媒体、声音、Flash和Java等技术，其交互性和视觉震撼力为品牌传播提供了极大的创意空间。在提高点击量的同时，丰富并加深了浏览者的品牌印象。其形式包括淘宝网首页撕页广告、标准视窗广告、非标准视窗广告等。

在做广告之前务必做好准备工作，包括营销规划、广告资源、店铺准备、团队准备四个方面。

2. 常规投放流程

淘宝联盟后台的操作界面清晰易懂，一般只需按照流程点“下一步”即可完成。硬广属于CPM和CPT计费方式，需要联系淘宝网客服购买。

3. 淘宝硬广投放步骤及工作内容

表 2-29　淘宝硬广投放步骤及工作内容

<table>
<tr><th colspan="2">工作内容</th><th>工作内容阐释</th></tr>
<tr><td rowspan="3">营销规划</td><td>推广主题</td><td>根据全年的营销方案确定本次推广主题</td></tr>
<tr><td>确定产品、文案、设计创意、促销方式、推广资源</td><td>产品：定价策略和产品策略
文案：洞察消费者心理
设计创意：吸引眼球并可实现
促销方式：消费驱动能力强
推广资源：包括软性资源和硬性资源</td></tr>
<tr><td>效果预估</td><td>对流量、转化率、产品接受度、全天销售高低峰、物流等进行预估，以指导团队筹备和各方面准备</td></tr>
<tr><td rowspan="5">广告资源</td><td>确定资源</td><td>与淘宝网客服确定淘宝推广资源</td></tr>
<tr><td>设计素材</td><td>1. 根据资源位设计素材，要求符合规则并突出主题
2. 设计活动专题</td></tr>
<tr><td>付清广告款</td><td>财务付款</td></tr>
<tr><td>提交素材</td><td>素材提交到平台上给淘宝网客服审核</td></tr>
<tr><td>确认素材</td><td>若有修改，确认最终推广素材</td></tr>
<tr><td rowspan="5">店铺准备</td><td>店铺调整</td><td>配合活动主题</td></tr>
<tr><td>产品描述</td><td>对于重点推广的产品，应着力打造成爆款</td></tr>
<tr><td>价格策略</td><td>制定价格策略，并在活动上线前修改价格</td></tr>
<tr><td>备货</td><td>做好产品和赠品的备货数量和店铺显示的协调，以免拍后未付款导致存货错误或拍后无货招致投诉</td></tr>
<tr><td>应急预案</td><td>做好各个环节的应急预案，以提升用户体验，包括客服、物流、缺货、投诉、退货、服务器、素材更新等</td></tr>
<tr><td rowspan="2">团队准备</td><td colspan="2">设计、策划、创意、产品、采购</td></tr>
<tr><td colspan="2">客服、物流注意事项：客服和物流问题是目前广告投放客户遇到的最普遍的问题，客户很难预计广告投放当天会吸引多少 UV，因此，客服应该配备后备人员，以解决大流量进入后的接单问题。而物流直接影响品牌体验，一般能接受的程度是拍了商品后第二天发货，建议在广告投放前联系好物流公司或兼职人员</td></tr>
</table>

六、门户网站补充知识

1. 门户网站的营销价值

门户网站的营销价值分为用户价值和客户价值。客户价值通过用户价值来实现。从客户角度来讲，他们需要一个从品牌到达目标消费者的通道。门户网站拥有巨大的流量，连接着品牌与目标消费者。门户网站首先为用户提供价值，用户反过来为门户网站提供流量和注意力资源，门户网站通过商业手法操作将注意力资源贩卖给客户，从而实现门户网站和客户双赢的局面。

2. 小型招商类门户网站

招商类网站是互联网上出现的一种新型的赚钱模式。这些网站几乎没有自然流量，全靠在门户网站上购买广告位来推广，然后在自己的网站上销售广告位。网站产生的广告收入，远高于购买门户网站广告位所花费的广告费，这些招商类网站的运营模式又称全自动盈利渠道。

【任务实施】

表 2-30 任务实施步骤

步骤	操作要求和说明
一、分析新浪网、搜狐网广告	1. 登录新浪网、搜狐网广告服务中心 2. 下载广告报价单 3. 分析门户网站的广告名称与价格
二、分析淘宝网广告	1. 分析淘宝联盟后台的硬广资源 2. 分析硬广资源投入的位置及收费标准 3. 制订硬广推广方案
三、网络广告规划	1. 根据公司的营销目标，确定营销方案和推广主题 2. 确定产品、文案、设计创意、促销方式、推广资源 3. 效果预估
四、选择广告资源	1. 确定淘宝联盟中硬广的广告位资源 2. 根据资源位设计素材，要求符合规则并突出主题 3. 财务预备广告款
五、店铺备货	1. 店铺调整，配合广告推广设计主题 2. 产品描述，着力将产品打造成爆款 3. 备货，做好产品备货数量和店铺显示的协调，以免拍后未付款导致存货数量错误或拍后无货招致投诉
六、效果评估	门户网站广告的创意和主题，广告导入的网店访问量、转化率及销量等

【评价反馈】

表 2-31 评价反馈

评分项目	评分标准	分值	得分
营销规划	确定主题，确定产品、文案、设计创意、促销方式、推广资源	30	
广告资源选择	论坛、微博、博客的推广应用，直通车、淘宝客、其他付费推广的应用	30	
店铺准备	店铺调整、产品描述、备货、应急预案	20	
门户网站广告的创意和主题	门户网站广告的创意和主题对潜在顾客的吸引程度，点击率$>1\%$	20	
合计		100	

【知识拓展】

一、门户网站广告效果评估及计费模式术语

（1）点击次数（Click）：用户通过点击广告而访问广告主的网页，称为点击。它是评估广告效果的指标之一。

（2）点击率（Click-through Rate，CTR）：广告被点击的次数与广告收视次数的比例，即 Clicks/Impressions。如果这个页面被访问了 1 万次，而页面上的广告被点击了 500 次，那么 CTR 为 5%。CTR 是评估广告效果的指标之一。

（3）印象数（Impression）：网页的每一次显示就是一个 Impression。例如：广告主希望 10 万人次看到广告，即 10 万次 Impression。它是评估广告效果的指标之一。

（4）投资回报率（Return On Investment，ROI）：在网络广告领域，用消费者实现某种行为所花费的成本来衡量的投资回报率，即 CPX（Cost Per X）。其中："X" 可以是广告曝光率，也可以是用户的访问量，还可以是点击数，乃至用户的下订单购买等诸多行为。因此，业界形成了一些约定俗成的 CPX，如 CPM、CPC、CPP。

（5）转化率（Conversion Rate，CR）：用户购买或者注册，都可以作为一次转化。通常，转化率是转化次数和点击次数的比率。

（6）按时长付费（Cost Per Time，CPT）：一种以时间来计费的广告，是目前网站采用的主要计费方式。

（7）按展示成本付费（Cost Per Mille，CPM）：千人成本，即广告主为他的广告显示 1 000 次所支付的费用。如果一个横幅广告单价是 10 元/CPM，意味着每被 1 000 人次看到就收 10 元。

（8）点击成本（Cost Per Click，CPC）：广告主为每个用户点击所支付的费用。

（9）CPA/CPS（Cost Per Action/Sale）：按广告投放实际效果，即按回应的有效动作或订单来计费，而不限广告投放量。

二、硬广和钻石展位的区别

首先，硬广和钻石展位的资源位大多是一样的，但是有一些广告位只有硬广才能投放，如淘宝网登录页左侧的广告位是只投放硬广的，其他的广告位如首页焦点图，硬广和钻石展位都可以投放。硬广被称作硬广告，就是说硬广是不定向的，而钻石展位是可

以定向的。例如：卖衣服的投钻石展位，可以只让想买衣服的或者买过衣服的人才能看到你的广告。

其次，硬广是定价 CPM，钻石展位是竞价 CPM。硬广每千次展现收费是固定的；钻石展位是大家都出价，按照出价高低进行比例投放，出价低的话可能就不给你展现。硬广是找淘宝客服购买，钻石展位是直接到后台参与竞价；硬广购买有最低要求，钻石展位可以根据自己的预算进行投放和暂停投放。

三、门户网站广告设计注意事项

1. 整体布局简洁大方

所有的广告都是在最基础的布局构图上完成的，因此必须遵循广告设计素材的基本原则——简洁大方。

2. 重点突出

广告设计需要注重文案创意，那么，何为好的文案创意呢？它们有一个共同特征：突出中心，内容与用户关注点相关。要考虑到用户阅读时间有限，必须在短小的广告篇幅中突出中心和重点。

3. 创意浅显易懂

好的创意虽然要追求高大上，但是最为基础的设计理念必须保障：创意浅显易懂。

4. 图文创意搭配合理

广告素材创意往往由两部分组成，即图片素材+广告语。广告语即文案，广告语一般 8～12 个字，这样用户最容易记住。

5. 适当使用动画

适当地在广告中采用动态图片，可以收到非常好的广告效果，因为人们对于会动的事物的好奇心要比静止的事物的好奇心大很多。

四、如何提升门户网站广告效果

门户网站广告投放是借助互联网平台向互联网用户传递产品和企业信息的一种营销

手段，必然要为企业或者门户网站带来盈利的基准点。

1. 投放广告所需费用的预算

在做任何广告之前，我们都会对这个项目的经费进行预算，因为这样能有效控制广告经费。可以根据相关的数据，分析其商业价值的大小，进而制定费用预算。

2. 选择有效的网络广告平台

广告能否获得有效的点击，取决于投放的平台。在不考虑广告投放费用的情况下，广告不仅要在与自身产品相关的平台投放，而且要在一些人气高、日访问量大的平台投放。只有找到合适的投放平台，找到精准的客户，才能带来有效的点击率，从而为企业带来最终的盈利。

3. 广告位的选择

广告位的选择也是很重要的一步，位置不同，所获得的点击率就不同。以下几点可供参考：

（1）分析页面的流量。可以利用 Alexa 工具，具体查出每一个频道页面的权重和流量。

（2）分析广告位的点击率。一般而言，越靠上的广告位点击率越高，越靠左的广告位点击率越高，可以考虑投放在这些位置。

（3）分析广告位所在页面的内容。所选择的广告位页面内容一定要和所投放广告的内容接近。

【实训练习】

一、对坚果类目店铺进行分析。登录卖家后台，进入淘宝联盟网络平台。制作通过淘宝硬广进行网络营销推广的方案，提高网店的曝光量、访问量和销售额。（以 4 人为一小组）

要求：

1. 登录卖家中心，进入淘宝联盟后台；
2. 分析硬广的广告位位置及收费标准、推广要求条件；
3. 确定产品、文案、设计创意、促销方式、推广资源；
4. 撰写一份 500 字左右的淘宝硬广推广计划方案。

二、分析门户网站（新浪、搜狐、网易等）的广告模式及推广的要求和费用。

要求：

1. 登录门户网站；

2. 进入广告服务中心；

3. 查看广告类型及功能、收费标准；

4. 联系服务商或者代理商确认服务内容；

5. 撰写一份500字左右的门户网站广告推广计划方案。

【参考文献】

[1] 如何投放网络广告效果更好. http://wenku.baidu.com/view/aed9ecc38bd63186bcebbc26.html.

[2] 营销诉求自动化投放方案. https://alimama.bbs.taobao.com/detail.html?postId=6894171.

[3] 互联网广告. https://baike.baidu.com/item/互联网广告.

附件：2018 年中国数字营销服务市场广告主/广告代理、用户

资料来源：易观：《2018 中国互联网广告市场年度综合分析》。

图 2 - 30 2018 年中国数字营销服务市场广告主、用户

项目三
网络营销转化

商品详情页文案设计

网络营销核心内容是围绕公式“成交额＝访问量×转化率×客单价”展开的。本任务训练和研究影响成交额的三大因素中的转化率因素。流量是做电商的第一步，如何能让流量实现最大的价值，关键在于如何提高转化率和客单价。本任务训练内容是通过对商品详情页的设计及文案撰写技巧来提升网店销售的转化率。

商品详情页是提高转化率的入口，可以激发顾客的消费欲望，树立顾客对店铺的信任，打消顾客的疑虑，促使顾客下单。

【学习目标】

1. 熟悉商品详情页的作用及方法；
2. 掌握商品详情页的制作流程；
3. 能够制作高质量的商品详情页，提升网店的转化率。

【任务引入】

根据网店提升转化率的目标，对店铺坚果类商品的详情页进行九宫格分析，优化商品详情页文案以提升网店的曝光量、点击率、转化率。通过对商品详情页文案优化技巧的应用，提升店铺销售额。

【相关知识】

图片和文字是商品详情页的两大组成部分。业内人士常说：“一张图等于1 000个文字。做网店，就是卖图片。”图片的好坏直接影响转化率。新闻学研究证明，图片与图片底下的文字说明阅读率远胜过内文。用小标题提纲挈领，阅读效果更佳。经营者通过文案的设计来促进转化，首先要知道消费者有哪些购买动机，然后思考如何通过文案设计来激发这种动机。

一项针对 2 万多家淘宝店铺的抽样调查显示：对于中小卖家，99%的顾客是从商品详情页进入店铺的；对于大卖家，92%的顾客是从商品详情页进入店铺的；对于超大卖家，88%的顾客是从商品详情页进入店铺的。因此，商品详情页是店铺营销的核心所在、重中之重。调查显示，买家最关心的因素包括：商品图片、商品描述（参数、性能、属性等）、服务承诺、质量保障、描述可信度与专业度、使用说明、注意事项、快递事项、真实评价、优惠政策、客服态度、店铺信誉、店铺装修。

一、影响转化率的因素

网络营销实战中，影响网店转化率的主要因素有以下三个：

1. 商品详情页文案设计

现代人被定义为视觉动物，这一点商家需要重视。商品详情页文案设计直接影响转化率，主要涉及以下几点：1）商品详情页文案设计的精美程度；2）文案中的商品特征与卖点；3）商品定价与竞品差异；4）促销信息；5）商品详情页中的关联销售；等等。

2. 客服沟通转化技巧

客服沟通及转化技巧非常重要。买家只要询盘，一般转化率都能达到 70%。因为询盘代表买家想更深入地了解商品。如果此刻客服的用语和转化技巧使用得当，能够直接促进询盘的转化。

3. 销量与好评率

网络消费者中有从众心理的人占据较大的比重，跟风购买对转化效果的促进作用非常明显。另外，好评也能够真正体现商品的卖点。一个商品的好评多了，就会产生一定的口碑效应，会有更好的转化率。

二、商品详情页文案设计前期准备

（一）了解消费者购买动机

商品详情页的展示逻辑是：先展示商品，再将商品的卖点描述清楚，给买家实惠，让买家心动，继而通过品牌和服务建立信任，最后促成交易。

想通过商品详情页文案的设计来促进转化，首先要知道消费者有哪些购买动机，然后思考如何通过文案设计来激发这种动机。

1. **求实惠**

购买一些家庭日用品的时候，或者在购买一些实用性很强的商品的时候，消费者会重点关注这些商品的性价比。他们需要的是经济实惠，对于外观、品牌等关注得并不是太多。

2. **求新奇**

这类消费者一般以追求时尚的青年为主，他们要的是潮流，要的是新奇特，要的是与众不同，具体到商品的真正的实用程度以及商品的价格等，关注得并不是太多。

3. **求便利**

这类消费者在购买商品的时候追求整个购买流程的便捷性，注重时效，希望省时省力，能够尽可能简单、快速地完成交易过程。

4. **求美**

随着物质生活的丰富，人们更加具有浪漫情怀，注重精神生活，喜欢美化环境，因此更加关注商品的色彩、造型等。

5. **求身份**

这类消费者追求名牌和高档商品，借此显示自己的身份、地位。

6. **从众**

从众心理一般有两种：一种是崇拜性从众，常用的文案是“××同款”；另外一种是刺激大众跟随，常用的文案是“全网热销××件”“连续三年全网销量第一”“××人的选择”等。

7. **求廉价**

可以说，求廉价是网购能够发展起来的重要原因。

8. **好奇**

每个人都有好奇心，在好奇心的作用下，消费者也会购买。

9. **习惯**

一般有这种购买动机的消费者，购买的商品都是相对标准的重复性消费品。

（二）了解消费者购买逻辑与购买习惯

1. 购买逻辑

消费者的购买逻辑如图 3－1 所示：

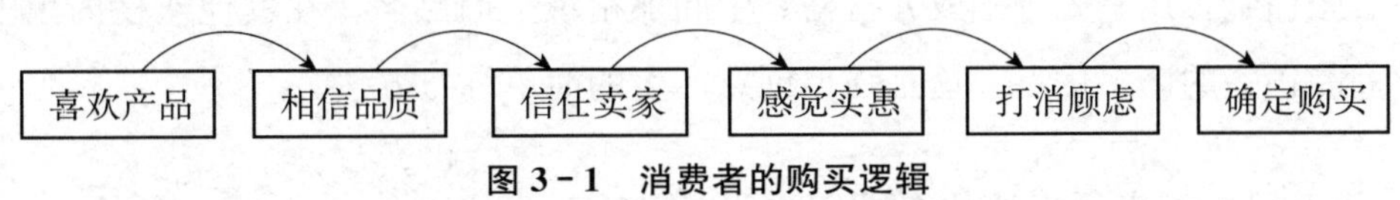

图 3－1　消费者的购买逻辑

2. 购买习惯

消费者的浏览习惯基本上是从上而下。研究发现，大部分消费者只愿意在前三屏停留 30 秒左右的时间，如果在这个时间内不能引起消费者的购买兴趣或欲望，机会就会擦肩而过。消费者浏览习惯如图 3－2 所示：

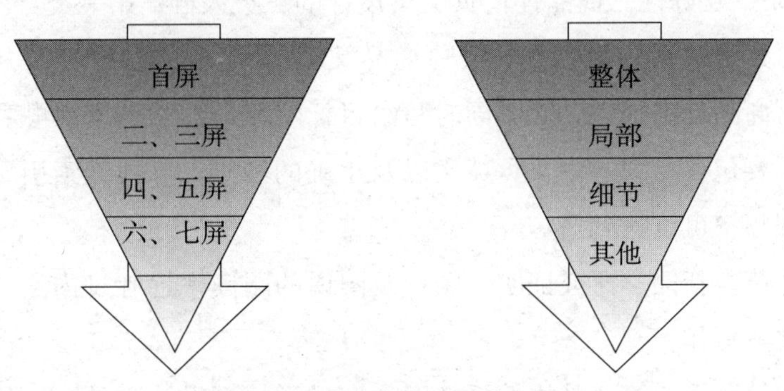

图 3－2　消费者的浏览习惯

对应的商品详情页文案设计思路：重点工作是第一屏的优化。第一屏要让买家喜欢上店铺的商品。第一屏最重要的是商品的主图、促销信息、商品基本信息、颜色选项。商品主图前第一、二张要凸显商品的卖点，第三、四张要凸显商品的细节，最后一张要凸显品牌或权威资质。淘宝店铺规则中第三张至第五张主图不受搜索的约束。

三、商品详情页文案设计方法

1. 三段式设计法

这是仿新闻学中“倒三角写作法”：

第一段，精要地浓缩全文的销售话术，因为多数人没耐心看完全文。

第二段，依照型录要点衍生法，逐一说明该商品的众多特色。到底是点列还是一段长文字较好，要看你的文字功底了。如果文字功底欠佳，用点列式写出卖点即可。

第三段，主要任务是让人“立即购买”，所以一般是强化产品的USP（独特销售卖点）、价格优势或赠品。

2. 九宫格设计法

拿一张白纸，用笔先分割成九宫格。中间那格填上商品名，在其他八格内填上可以帮助此商品销售的诸多优点。这是强迫创意产生的简单练习方法。

3. 基于型录要点衍生法的全面因素设计法

描述商品特点，然后在每个特点后面加以延伸。其他相关影响因素包括以下几个：

（1）说出有利的事实。例如：这个商品曾得过什么奖？源自哪个知名品牌？是目前哪个通路的销量冠军？是哪个网站网友口碑最佳的商品？哪个当红名人代言这个商品？或凸显这个商品的绝对价格优势（如全年最低价）。

（2）注重SEO友好性。商品详情页文案设计的三类人群：第一类，不会写商品文案的人，文案是写给自己看；第二类，会写商品文案的人，文案是专门写给目标对象看；第三类，最会写商品文案的人，文案同时写给目标对象与搜索引擎蜘蛛看。文案中的商品名称要完整，要包含品牌、中文、英文以及正确的型号，方便搜索引擎蜘蛛读取。完整商品名的出现频率可以达到2～3次。

（3）图文并茂。新闻学研究证明，图片及图说的阅读率远胜过内文。商品详情页设计不是单纯的文案写作。

（4）谨慎地编写每一篇商品详情页文案。商品详情页设计不是单纯的上架动作，更应该多花费一些时间在设计上。

（5）故事化文案。直接的商业广告使消费者对店铺或商品记忆深刻的作用有限。在文案中引入故事内容来描述网店的成长或商品信息，更容易让消费者记住。

四、商品详情页文案设计具体操作

商品详情页文案设计步骤如图3-3所示。

（1）店铺活动：全店的促销活动或活动预告，店铺上新活动或预告，主推产品的海报，大促时的关联推荐，店铺形象渲染展示。

（2）模特或效果照片：符合店铺风格和消费者审美，展示各个角度和颜色效果，需要突出主推颜色。

（3）实物照片：展示商品全貌，增加真实直观感受；商品正反面全图；商品特性及

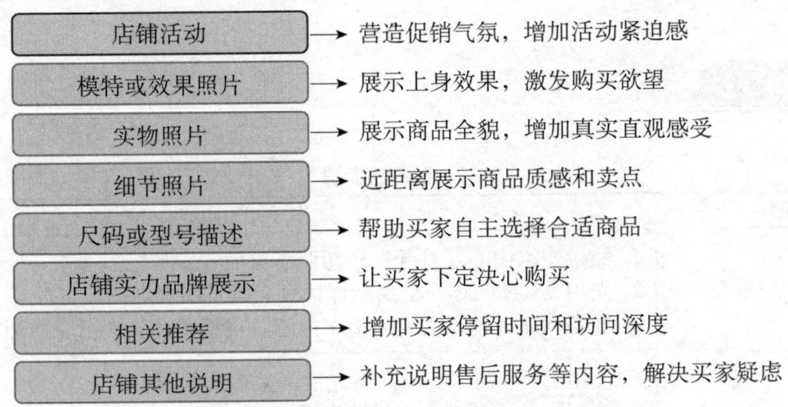

图 3-3　商品详情页文案设计步骤

亮点；色彩说明。

（4）细节照片：近距离展示商品质感和卖点；微距展示清晰细节图片，配以简单介绍文字。

（5）尺码或型号描述：帮助买家选择合适尺码或型号，如模特尺寸建议、不同身材试穿感受。

（6）店铺实力品牌展示：让买家下定决心购买。

（7）相关推荐：增加买家停留时间和访问深度；搭配推荐互补、同类商品，以爆款带新款等。

（8）店铺其他说明：补充说明售后服务等内容，解决买家疑惑。

商品详情页文案设计示例如图 3-4 所示。

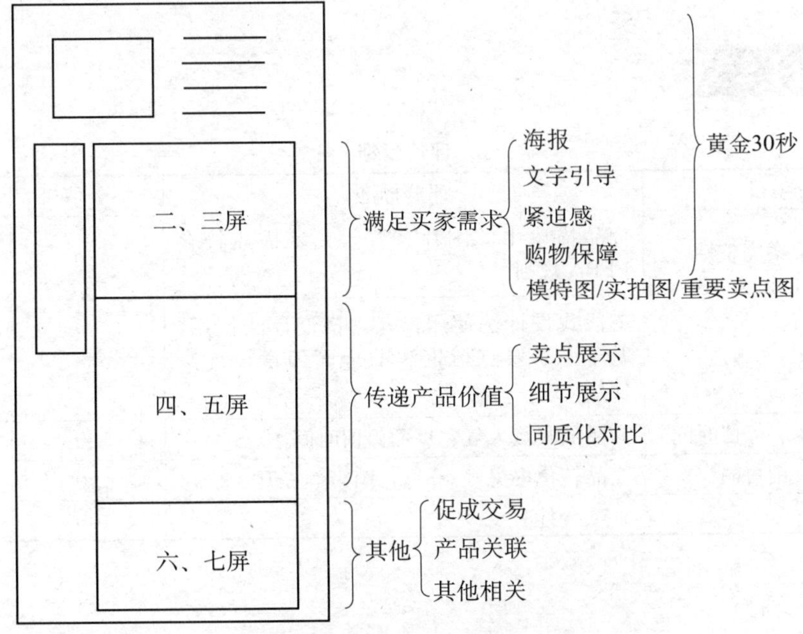

图 3-4　商品详情页文案设计示例

【任务实施】

表 3-1　任务实施步骤

步骤	操作要求和说明
一、规划和素材准备	1. 登录卖家中心，打开发布新商品页面 2. 先用 Excel 制作一份商品详情页文案页面规划图，至少要 3 屏的内容 3. 准备商品详情页需要的文案内容，包括图片、文字、促销方案等
二、三段式设计法	1. 使用 Excel 制作一份商品详情页文案规划图 2. 浓缩商品详情页全文的销售话术 3. 依照型录要点衍生法，逐一说明该商品的诸多特色 4. 最后一屏强化产品的 USP（独特销售卖点）、价格优势或赠品
三、九宫格设计法	1. 使用 Excel 制作一份商品详情页文案规划图 2. 拿一张白纸，用笔先分割成九宫格。中间那格填上商品名，在其他八格中填上可以帮助此商品销售的诸多优点 3. 最后一屏强化产品的 USP（独特销售卖点）、价格优势或赠品
四、基于型录要点衍生法的全面因素设计法	1. 使用 Excel 制作一份商品详情页文案规划图 2. 描述商品特点，然后在每个特点后面加以延伸 3. 说出有利的事实（FFBA） 4. 故事化商品详情 5. 图文并茂，图片下面加入型录内容 6. SEO 友好性设计及商品相关推荐
五、效果评估	1. 商品详情页元素的完整性 2. 商品及店铺的曝光量、访问量、转化率、销量

【评价反馈】

表 3-2　评价反馈

评分项目	评分标准	分值	得分
商品详情页文案完整性	商品描述中的图片>10，文字描述符合 FFBA 规则	30	
设计方法应用	三段式设计法使用，九宫格设计法使用，基于型录要点衍生法的全面因素设计法使用	30	
商品的访问量、停留时间	商品的收藏人气、页面停留时间	20	
商品转化率、销售额	商品转化率提升>2%，销售额提升>2%	20	
合计		100	

【知识拓展】

商品详情页文案制作要点

根据实际操作经验，要打造一款高销量商品，商品详情页文案制作必须遵守以下几点：

1. 紧贴店铺定位

商品详情页文案的写作一定要紧贴店铺定位，在详情页里不断强调自身的优势与特色。

2. 从目标人群的痛点入手

所谓痛点不是说买了这个怎么好，而是不买这个会怎么样。痛点的寻找可以使用同理心的方法，设身处地地为消费者考虑，找到他们必须买这款商品的理由。找到目标人群的痛点与兴趣，在商品详情页文案里放大，逐个击破，层层递进，就能写出转化率高的文案。

3. 逻辑性引导文案

好的商品详情页非常注重逻辑性。详情页的第一屏围绕这样一个主题：没有选好商品的话会发生什么事情？继而引出消费者选择该商品的理由。在每一个商品卖点里再进行细分，围绕卖点从不同角度切入。

4. 情感营销文案

“讲故事卖产品”的模式在网络营销中越来越常见，无论什么类目的商品，如果能讲好故事，为商品添加附加价值，消费者都会认同。一个优秀的故事必定能调动消费者的情绪，让其在观看过程中不知不觉地被潜移默化，认同商品的价值，最后促成购买。

【实训练习】

对坚果类目店铺经营的商品进行分析，应用三段式设计法、九宫格设计法、型录要点衍生法对商品详情页文案进行设计，提高小组网店的曝光量、访问量、转化率，最终达到至少提高销售额2%的目标。（以4人为一小组）

要求：

1. 确定店铺商品详情页文案设计方案；

2. 准备方案需要的素材（图片及文字材料）；

3. 制定前三屏设计要点；

4. 使用商品详情页设计法（三段式、九宫格、型录要点衍生法）；

5. 完成香榧的商品详情页设计；

6. 撰写一份500字左右的商品详情页文案设计分析报告。

【参考文献】

[1] 如何设计一个牛逼的电商爆款详情页. http://www.siilu.com/20140820/107954.shtml.

[2] 宝贝详情的重要性和做好淘宝宝贝描述的好处. http://www.3lian.com/edu/2014/03-20/135957.html.

[3] 9种详情页文案设计飙升你的转化率. http://www.ebrun.com/20160102/160503.shtml.

[4] 四个妙招教你写好详情页文案. http://www.da-mai.com/essence/730.html.

任务十六

网络营销客服培训

网络营销核心内容是围绕公式“成交额＝访问量×转化率×客单价”展开的。本任务训练和研究影响成交额的三大因素中的转化率因素，训练内容是对网络营销团队中的客服进行培训，以提升网店销售的转化率。

客服推销技巧是提高转化率的入口，是激发顾客的消费欲望、树立顾客对店铺的信任感、打消顾客的消费疑虑、促使顾客下单的关键因素。

【学习目标】

1. 熟悉网络营销客服的基本要求；
2. 掌握网络营销客服应具备的知识、技能、素质能力；
3. 能够运用推销技巧提升网店的转化率，促成交易。

【任务引入】

根据网店提升转化率的目标，对网店的网络营销客服进行培训，提升客服的素质能力、相关知识、技能，进而提升店铺的转化率，完成销售目标。

【相关知识】

网店客服是指在网店这种新型商业实体中，充分利用各种通信工具，并以网上即时通信工具（如阿里旺旺）为主，为客户提供相关服务的人员。这种服务形式对网络有较大的依赖性，所提供的服务一般包括客户答疑、促成订单、店铺推广、完成销售、售后服务等几个方面。

除了前期促成订单外，图 3－5 所示的这些情况需要客服及时进行处理。处理这些问题，要求网络客服具备相应的知识、技能技巧和素质。

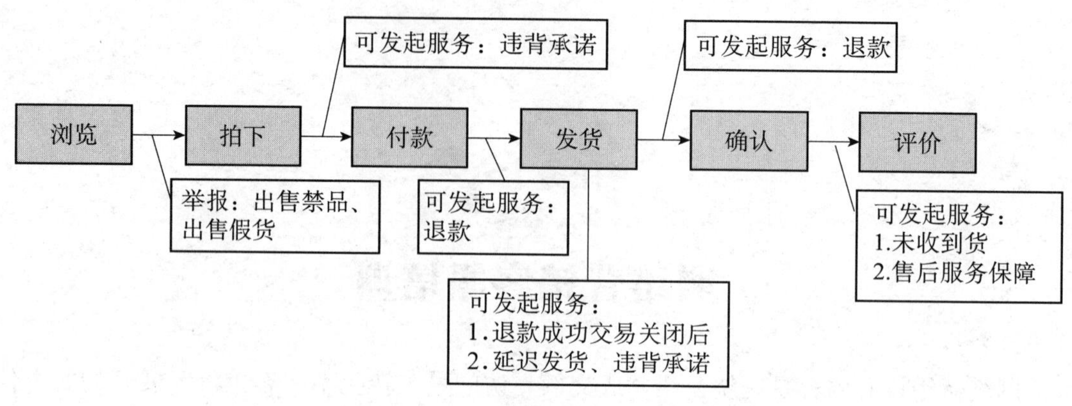

图3-5 客服销售流程工作任务

一、网店客服知识

(一) 商品知识

客服应当具备关于商品的专业知识及周边知识，对商品的种类、材质、尺寸、用途、注意事项等都有一定的了解，还应当了解行业的有关知识，同时，对商品的使用方法、洗涤方法、修理方法等也要有基本的了解。

(二) 交易规则

1. 一般交易规则

网店客服应该了解网店的交易规则，更好地把握交易尺度。有的时候，顾客可能第一次在网上交易，不知道该如何进行。这个时候，客服除了要指点顾客去查看网店的交易规则外，在一些细节上还需要一步步地指导顾客操作。此外，客服还要学会查看交易详情，了解如何付款、修改价格、关闭交易、申请退款等。

2. 网上支付规则

网店客服应了解支付宝及其他网络交易的规则，指导顾客通过支付完成交易、查看交易状况、更改交易状态等。

(三) 物流知识

(1) 了解不同的物流及其运作方式。主要包括：平邮（国内普通包裹）、快递（国内快递包裹）和EMS。

（2）了解不同物流方式的价格及速度，如何计价，以及报价的还价空间等。

（3）了解不同物流方式的联系方式、查询方式。在手边准备一份各个物流公司的电话，并了解如何查询各个物流方式的网点情况。了解各快递公司的联系方式、费用查询、汇款方式、批发方式等。

（4）了解不同物流方式的包裹撤回、地址更改、状态查询、保价、问题件退回、代收货款、索赔处理等问题。

（四）客户类型

1. 按客户性格特征分类及应对策略

（1）友善型客户。

特质：性格随和，对自己以外的人和事没有过高的要求，具备理解、宽容、真诚、信任等美德，通常是企业的忠诚客户。

策略：提供最好的服务，不能因为对方的宽容和理解而放松对自己的要求。

（2）独断型客户。

特质：异常自信，有很强的决断力，感情强烈，不善于理解别人；对自己的任何付出一定要求回报；不能容忍被欺骗、被怀疑、被怠慢、不被尊重等行为；对自己的想法和要求需要被认可，不容易接受意见和建议；通常是投诉较多的客户。

策略：小心应对，尽可能满足其要求，让其有被尊重的感觉。

（3）分析型客户。

特质：情感细腻，容易受伤，有很强的逻辑思维能力；懂道理，也讲道理；对公正的处理和合理的解释可以接受，但不愿意接受任何不公正的待遇；善于运用法律手段保护自己，但从不轻易威胁对方。

策略：真诚对待，做出合理解释，争取对方的理解。

（4）自我型客户。

特质：以自我为中心，缺乏同情心，不习惯站在他人的立场上考虑问题；绝对不能容忍自己的利益受到任何伤害；有较强的报复心理；性格敏感多疑；时常“以小人之心度君子之腹”。

策略：学会控制自己的情绪，以礼相待，对自己的过失真诚道歉。

2. 按网店购物者常规类型分类及应对策略

（1）初次上网购物者。

特质：这类购物者在试着领会电子商务的概念，他们的体验可能会从在网上购买小宗的安全种类的物品开始。这类购物者要求界面简单、操作容易。

策略：产品照片对说服这类购买者完成交易有很大帮助。

（2）勉强购物者。

特质：这类购物者对安全和隐私问题感到紧张。因为有恐惧感，他们在开始时只想通过网站做购物研究，而非购买。

策略：对这类购物者，只有明确说明安全和隐私保护政策才能够使其消除疑虑，轻松面对网上购物。

（3）便宜货购物者。

特质：这类购物者广泛使用比较购物工具，品牌忠诚度较低，他们追求的是最低的价格。

策略：廉价出售的商品对这类购物者最具吸引力。

（4）理智型购物者。

特质：这类购物者在上网前已经很清楚自己需要什么，并且只购买他们想要的东西。他们的特点是知道自己做购买决定的标准，然后寻找符合这些标准的信息。当他们很自信地找到了正好合适的产品时，就会购买。

策略：快速告知其他购物者的体验并为其提供实时客户服务，会吸引这类购物者。

（5）狂热购物者。

特质：这类购物者把购物当作一种消遣。他们购物频率高，也最富有冒险精神。

策略：对这类购物者，迎合其爱好和性格十分重要。为了增强娱乐性，网站应为这类购物者多提供观看产品的工具、个性化的产品建议，以及像电子公告板和客户意见反馈页之类的社区服务。

（6）动力购物者。

特质：这类购物者因需求而购物，而不是把购物当作消遣。他们有自己的一套高超的购物策略来找到所需要的东西，而不愿意把时间浪费在东走西逛上。

策略：优秀的导航工具和丰富的产品信息能够吸引此类购物者。

二、网店客服技能

网店客服除了需要具备基本的素质之外，工作中还应该掌握以下六个方面的技能：

1. 文字表达能力

网店客服要能够盲打，每分钟不少于40个汉字。这是作为营销类网店客服的基本能力。真正做到把问题说清楚，就要多看网店的商品描述、商品说明并仔细分析。

2. 资料收集能力

收集资料主要有两个方面的价值：一是保存重要的历史资料；二是尽量做到某个重要领域资料的齐全。网店客服如果能在自己的工作相关领域收集大量有价值的资料，将是一笔巨大的财富。

3. 参与交流能力

网店客服需要掌握交流技巧。作为客服，最主要的任务是利用互联网促成营销信息的有效传播，而交流本身也是一种有效的信息传播方式。

4. 思考总结能力

在网店营销实际工作中，网店客服很多时候需要依靠自己对在实践中发现的问题进行思考和总结。

5. 适应变化能力

适应变化的能力，也称为不断学习的能力。特别是对客户突如其来的问题，网店客服要通过资料收集和随机应变，更好地解答，从而促成交易。

6. 耐心与细致能力

网店客服必须具备耐心，哪怕是认真校对通话中的每一个标点，细心对待每一个错误和漏洞。

三、网店客服工作技巧

网店客服除了具备一定的专业知识、周边知识、行业知识外，还要具备一些销售技巧，具体如下：

（一）促成交易的技巧

1. 利用“怕买不到”的心理

越是得不到、买不到的东西，人们越想得到它、买到它。网店客服可以利用这种“怕买不到”的心理来促成交易。当顾客已经有比较明显的购买意向但还在最后犹豫中的时候，可以使用“最畅销款，经常脱销”“优惠价截止日，涨价在即”等方式来促成交易。

2. 利用顾客希望快点拿到商品的心理

大多数顾客希望在付款后尽快拿到商品，所以在顾客已有购买意向但还在最后犹豫中的时候，可以告诉对方：“喜欢的话请尽快拍下，快递公司的人再过20分钟就要来了，现在购买，马上就能为您寄出。”

3. 顾客犹豫不决时让客户“二选一”

当顾客一再出现购买信号，却又犹豫不决拿不定主意时，可采用“二选一”的技巧来促成交易。例如：“请问您需要玫红色款还是银色款?”或者：“请问要平邮给您还是快递给您?”这种“二选一”的问话技巧，只要顾客选中一个，其实就是帮顾客拿了主意，顾客就会下决心购买了。

4. 帮助顾客挑选

许多顾客有意购买，但不喜欢迅速下单，而是东挑西拣，在产品颜色、规格、式样上犹豫不决。这时，客服需要改变策略，暂时不谈订单的问题，而是热情地帮对方挑选颜色、规格、式样等。一旦上述问题解决，订单也就落实了。

5. 巧妙反问

当顾客问到的某种商品正好没货时，可以运用反问来促成交易。例如，顾客问：“这款有金色的吗?”这时，客服不可只回答没有，而是可以反问：“不好意思，我们没有金色的，不过我们有黑色、紫色、蓝色的，在这几种颜色里，您比较喜欢哪一种呢?”

6. 积极推荐

当顾客拿不定主意，需要推荐的时候，客服可以尽可能多地推荐符合其要求的款式，在每个链接后附上推荐的理由。不建议一个个推荐，最好是2～3款同时推荐给顾客。例如：“这款是刚到的新款，目前市面上还很少见”“这款是我们最受欢迎的款式之一”“这款是我们最畅销的，经常脱销”等，以此来促成交易。

（二）时间控制技巧

除了回答顾客关于交易的问题外，可以适当聊天，以促进双方的关系。但要控制好聊天的时间和度，毕竟你是在工作不是在闲聊，还有很多工作要做。聊到一定时间后可以以“不好意思，我有点儿事要走开一会儿”为由结束交谈。

（三）说服顾客的技巧

1. 调节气氛，以退为进

在说服顾客时，首先应该想方设法调节谈话的气氛。如果你和颜悦色地用提问的方式代替命令，并给人以维护自尊和荣誉的机会，气氛就是友好而和谐的，说服也就容易成功；反之，在说服时不尊重他人，拿出一副盛气凌人的架势，说服多半是要失败的。毕竟人都是有自尊心的，谁都不希望自己被他人毫不费力地说服而受其支配。

2. 争取同情，以弱克强

渴望同情是人的天性，如果你想说服比较强大的对手，不妨采用这种争取同情的技巧，从而以弱克强，达到目的。

3. 消除防范，以情感化

一般来说，在和要说服的对象较量时，彼此都会产生一种防范心理，尤其是在危急关头。这时候，要想使说服成功，就要注意消除对方的防范心理。如何消除对方的防范心理呢？从潜意识角度来说，防范心理的产生源于自卫，也就是当人们把对方当作假想敌时产生的一种自卫心理，那么消除防范心理的最有效的方法就是反复给予对方暗示，表示自己是朋友而不是敌人。这种暗示可以采用多种方法来进行：嘘寒问暖，给予关心，表示愿意提供帮助，等等。

4. 投其所好，以心换心

站在对方的立场分析问题，能给对方一种为他着想的感觉，这种投其所好的技巧常常具有极强的说服力。要做到这一点，知己知彼十分重要，而后方能站在对方立场考虑问题。

5. 寻求一致，以退为进

习惯于顽固拒绝他人说服的人，经常处于“不”的心理组织状态之中，所以自然而然地会呈现僵硬的表情和姿势。解决方法是，如果一开始就提出问题，绝不能打破其“不”的心理。此时需要做的，是努力寻找与对方一致的地方，先让对方赞同你远离主题的意见，从而使其对你的谈话感兴趣，然后想办法将你的主题引入话题，最终求得对方的同意。

6. 应用反馈信息，提升满意度

反馈信息中有一部分内容是顾客提出的各类问题，对这些问题，应尽可能快地给予答复。对于一些常见的问题，可通过预先设置自动应答器立即给出预备的答复；对于一些不能即时答复的问题，应及时回复提问者，并承诺给出答复的时间限制——通常在24小时之内。

【任务实施】

表3-3 任务实施步骤

步骤	操作要求和说明
一、打字速度测试	1. 准备一段200字的短文 2. 要求在5分钟内完成录入，正确率100%
二、商品检测	1. 打开小组经营的网店 2. 选择4款坚果类商品 3. 描述商品的种类、材质、尺寸、用途、注意事项等 4. 使用FFBA技巧描述商品
三、客户类型及转化策略	1. 列出网购消费者的类型 2. 列出各种消费类型的人群特征及对应的转化策略
四、情境练习	1. 针对顾客拍下商品长时间没有付款的情况列举解决方案 2. 针对顾客退货、顾客投诉延迟发货的情况给出对应的解决方案 3. 小组互动解决方法
五、效果评估	打字速度、沟通技巧、商品熟悉程度、促成交易技巧

【评价反馈】

表3-4 评价反馈

评分项目	评分标准	分值	得分
基础知识	1. 商品知识（FFBA） 2. 交易规则 3. 物流知识	30	
客服技能	1. 表达能力：文字输入每分钟>40字，能对商品进行描述，熟练掌握FFBA技巧 2. 交流能力：帮助解决顾客咨询问题>10次 3. 应变能力	30	
工作技巧	说服顾客、销售促成的技巧：转化成交>10笔/周	20	
素质能力	心理素质、品格素质、技能素质、其他综合素质	20	
合计		100	

【知识拓展】

网店客服基本素质要求

一位合格的网店客服，应该具备工作岗位的基本素质要求，主要有以下四个方面：

1. **心理素质**

网店客服应具备良好的心理素质，因为在服务客户的过程中会遇到各种压力、挫折，没有良好的心理素质是不行的。具体如下：

（1）处变不惊的应变力；

（2）挫折打击的承受能力；

（3）情绪的自我掌控及调节能力；

（4）满负荷情感付出的支持能力；

（5）积极进取、永不言败的良好心态。

2. **品格素质**

（1）忍耐与宽容是优秀网店客服人员的一种美德。

（2）热爱企业、热爱岗位 ：一名优秀的网店客服人员应该对其所从事的岗位充满热爱，忠诚于事业，兢兢业业地做好每件事。

（3）要有谦和的态度：谦和的服务态度是赢得顾客的重要保证。

（4）不轻易承诺：说了就要做到，言必信，行必果。

（5）谦虚是做好网店客服工作的要素之一。

（6）拥有博爱之心，真诚对待每一个人。

（7）勇于承担责任。

（8）有强烈的集体荣誉感。

（9）热情主动的服务态度：充满激情，让每位客户感受到你的服务，在接受你的同时接受你的商品。

（10）有较强的自控力：自控力就是控制自己情绪的能力，客服首先要以好的心态面对工作和客户，其良好心态也会带动客户。

（11）遵守职业规范与道德：具备爱岗敬业精神，严格遵守岗位要求，特别是必须做好对客户的个人信息和隐私的保密工作。

3. 技能素质

(1) 良好的语言表达能力。

(2) 高超的语言沟通技巧和谈判技巧：只有具备这样的素质，才能让客户接受你的商品并在与客户的价格交锋中取胜。

(3) 丰富的专业知识：对于自己所经营的商品具有一定的专业知识，如果对自己的商品都不了解，又如何保证第一时间为客户解答对产品的疑问呢?

(4) 丰富的行业知识及经验。

(5) 熟练的专业技能。

(6) 思维敏捷。

(7) 敏锐的观察力和洞察力：只有这样才能清楚地知道客户购买心理的变化，了解了客户的心理，才能有针对性地对其进行引导。

(8) 具备良好的人际关系沟通能力：良好的沟通是促成交易的重要步骤之一。不管是交易前还是交易后，都要与客户保持良好的沟通，这样不但可以顺利完成交易，还有可能将新客户吸收为回头客，成为自己的老客户。

(9) 具备专业的客户服务电话接听技巧：网店客服不仅要掌握网上即时通信工具，很多时候电话沟通也是必不可少的。

(10) 良好的倾听能力。

4. 其他综合素质

(1) 要有“客户至上”的服务观念。

(2) 要有独立工作的能力。

(3) 要有对各种问题进行分析和解决的能力。

(4) 要有人际关系的协调能力。

【实训练习】

对坚果类目店铺经营的商品进行分析。针对山核桃这一商品，准确描述商品信息，应用 FFBA 方法向顾客推广商品，解决顾客疑问，提升店铺转化率，促使成交。(以 4 人为一小组)

要求：

1. 描述山核桃的商品信息；

2. 列举顾客咨询山核桃常见的问题及解决方法（不少于 4 个）；

3. 分析山核桃的消费人群特征及对应的营销策略；

4. 设计一套基于 FFBA 的山核桃推销方法；

5. 针对顾客挑剔山核桃价格太贵的问题，给出一套解决方案；

6. 撰写一份 500 字左右的网络营销客服工作报告。

【参考文献】

[1] 淘宝客服培训 . http://wenku. baidu. com/view/5e34ee42b307e87101f69619. html.

[2] 淘宝客服培训流程与技巧 . http://bbs. paidai. com/topic/315765.

[3] 网店客服 . https://baike. baidu. com/item/网店客服/3301515.

[4] 网络营销客服沟通话术培训手册 . http://doc. mbalib. com/view/3f0ae434811b17badce189933fb95c24. html.

项目四
网络营销管理

全面管理

亨利·法约尔在一般行政管理理论中提出了管理的五项职能：计划、组织、指挥、协调和控制。该管理理论成为我们研究经营管理的核心。本教材沿着这个思路进行网络营销管理的研究，但是因为篇幅有限，只重点研究其中的部分内容。

经营者建立网络营销渠道，在应用网络平台进行商品或服务的交易时，通过营销计划、组建团队、成员分工、指挥协调各部门的工作目标与内容，齐心协力让企业在经营中获得竞争优势，争取利润最大化。

【学习目标】

1. 熟悉网络营销管理的内容；
2. 掌握网络营销管理的方法；
3. 能够制订网店的全面管理计划以提升整体利润。

【任务引入】

根据公司/企业/组织/团队设立的整体经济效益目标，从网店经营数据分析、财务管理、员工激励与KPI考核、货物及库存管理等多个维度进行管理，制定相应的管理方法和制度，形成规范文件，以提升经济效益、降低成本、激励和发挥团队成员的能力，从而提升网络营销的整体销售额和利润以及在行业中的竞争力。

【相关知识】

一、网店经营数据分析

网店经营的结果是看最终的利润，利润是由多个影响因素决定的。经营管理者应掌握数据分析能力，能够对经营中的影响因素进行分析。

（一）网店销售数据分析

运营数据化，用数据说话，用数据来发现问题、解决问题。现在电子商务公司对数据分析开始重视起来，大多使用数据分析工具，如生意参谋（量子、数据魔方）、数云、CNZZ，需要每天关注。

1. 网站使用率：PV/UV、在线时间、跳失率、深度访问率

网站使用率是最基本的分析数据，要提高很不容易，需要不断改进页面的细节。例如：跳失率高，需要知道问题出在哪里。在做活动或者上硬广的时候，跳失率很高意味着人群不精准或者广告诉求和实际内容差距很大，又或者页面本身有问题。

2. 流量来源：监控各渠道转化率，针对不同的渠道做有效的营销

转化率的数据让我们清晰地了解到什么样的渠道转化效果好。以此类推，同样的营销方式也可以用在同类渠道上，复制成功经验。

3. 运营数据：总销售额、订单数、客单价、订单转化率、退货率

用户下单和付款不一定在同一天完成，这些数据需每周汇总，每周数据是相对稳定的。这些数据重点指导内部运营的工作，如促销策略、定价策略、产品推广策略。

4. 用户分析：会员的地区分布、年龄分布、重复购买率

重复购买率体现的是电子商务的竞争力，包括知名度、口碑、客服、包装、发货等各个细节。网店如果没有较高的重复购买率是没有前途的，所以很多大卖家投首页焦点广告，上硬广告，就是为了获取用户第一次购买，从而获得长期的重复购买。

5. 投资回报率：投资回报率＝某时间周期每笔订单产出/某时间周期每笔订单成本

投资回报率是衡量网店运营效果和运营效率的最终指标。投资回报率高，意味着每笔订单投入的成本能产出更多的收益。

计算投资回报率一定要有一个时间周期。设定的时间周期也是由资本具有的时间价值决定的。同时，新开网店的运营并不在乎投资回报率的高低，更多地在乎投资的资金回收周期。只有充分利用资本的时间价值，才能更好地了解运营的状况。

(二)流量统计与分析

网站流量是指网站的访问量，用来描述访问一个网站的用户数量以及用户浏览的网页数量等。常用的统计指标包括网站的独立用户数量、总用户数量、网页浏览数量、每个用户的页面浏览数量、用户在网站的平均停留时间等。

网站流量统计与分析是指在获得网站访问量基本数据的情况下，对有关数据进行统计与分析，以了解网站当前的访问效果和访问用户行为并发现当前网络营销活动中存在的问题，为进一步修正或重新制定网络营销策略提供依据。

1. 网站详情分析

(1) 转换率：用来衡量网站内容对访问者的吸引程度以及网站的宣传效果。

转换率=进行了相应动作的访问量/总访问量

(2) 回访者比率：用来衡量网站内容对访问者的吸引程度和网站的实用性，以及网站是否有令人感兴趣的内容，从而使访问者再次回到该网站。

回访者比率=回访者数/独立访问者数

(3) 积极访问者比率：用来衡量有多少访问者是因为对网站的内容高度感兴趣才访问网站的。

积极访问者比率=访问超过10页的访问者数/总的访问数

(4) 忠实访问者比率：用来衡量长时间的访问者所访问的页面占所有访问页面数的比例。

忠实访问者比率=大于12分钟的访问页数/总的访问页数

(5) 访问者参与指数：代表部分访问者多次访问的趋势。

访问者参与指数=独立访问者数/总访问者数

(6) 访问者比率：这里的访问者是指在1分钟内完成访问页面数的浏览者。

访问者比率=访问者数/总访问数

2. 用户行为指标

(1) 用户在网站的停留时间。用户在网站上停留时间的长短，反映出一个网站的黏性和吸引用户的能力。

(2) 用户来源网站。通过对用户来源网站的统计，可以了解用户来自哪个网站的推荐、哪个网页的链接，还可以看出部分常用网站推广措施所带来的访问量，如网站链接、分类目录、搜索引擎自然检索、投放于网站上的在线显示类网站广告等。

（3）用户所使用的搜索引擎及其关键词。一方面，从流量分析软件可以清楚地看到，用户是通过搜索哪些关键词来到你的网站，可以辅助你对关键词的实际优化情况有一个大致的了解。另一个重要的方面是，从这些关键词中可以扩展出很多可以增加的内容。这能帮助你发现你想不到的关键词，适当地对内容方面的策略做一些调整。

（4）用户浏览网站的方式。此相关统计指标包括用户上网设备类型、用户浏览器的名称和版本、用户电脑分辨率及显示模式、用户所使用的操作系统名称和版本、用户所在地理区域分布状况等。

二、网店财务管理

（一）利润的形成与控制

利润是指企业销售商品的收入扣除成本价格和税金以后的余额。按照这个定义，利润的计算方法如下：

利润＝营业收入－营业成本－税金及附加－销售费用－管理费用－财务费用－资产减值损失＋公允价值变动损益（－公允价值变动损失）＋投资收益（－投资损失）

对于网店利润的计算，如果严格按照会计学中的财务管理方法来计算，将会变得十分复杂，大多数店主可能不太精通财务管理的相关知识。因此，在计算利润时不必用这么复杂的公式，可以采用下面这个简单的公式：

利润＝营业额－成本－费用

营业额就是卖出商品所得的收入；成本的内容包括很多项，大致可分为直接成本和间接成本，罗列如下：

（1）商品的购入成本；

（2）进货发生的运费；

（3）开店购买硬件的成本（电脑、数码摄像机、电话机等）；

（4）上网费、电费；

（5）仓储成本；

（6）商品的损耗费用；

（7）与客户联系的电话费用；

（8）因退换货发生的费用；

(9) 发货包装、邮寄费用;

(10) 采用购买赠品、礼品、印制名片、购买旺铺等手段进行店铺推广投入的费用;

(11) 税金。

以上这些成本，有些是随着商品卖出一次性可以收回的，而有些则是长期投资，如仓储租金多按月、季、年等一次性交齐。

(二) 盈亏平衡点

网店能否持续发展的前提是能否生存，只有利润在盈亏平衡点以上才能生存下来。影响利润的重要因素是成本。成本包括固定成本和变动成本两部分。固定成本是不受业务量影响、与营业额无关的成本，如店租、固定资产折旧，即使营业收入为零也不得不支付的费用。变动成本是随着业务量增长而正比例增长的成本，它会随着营业额的增加而相应增加，随着营业额的减少而相应减少，比如材料成本。企业要达到盈亏平衡的关键要素是边际贡献。

边际贡献又称边际利润，是指销售收入减去变动成本后的余额，即边际贡献=收入−变动成本。边际贡献是运用盈亏分析原理，进行产品生产决策的一个重要指标。所以利润=边际贡献−固定成本。边际贡献一般可分为单位产品的边际贡献和全部产品的边际贡献，其计算方法为:

单位产品边际贡献=销售单价−单位变动成本

全部产品边际贡献=全部产品的销售收入−全部产品的变动成本

在产品销售过程中，边际贡献首先用来弥补企业生产经营活动所发生的固定成本总额;在弥补了企业所发生的所有固定成本后，如有多余，才能构成企业的利润。这就有可能出现三种情况:

(1) 当边际贡献等于所发生的固定成本总额时，企业只能保本，不亏不赚;

(2) 当边际贡献小于所发生的固定成本总额时，企业就要发生亏损;

(3) 当边际贡献大于所发生的固定成本总额时，企业将会盈利。

因此，边际贡献实质上所反映的就是产品为企业盈利所能做出的贡献大小。只有当产品销售达到一定的数量后，产品的边际贡献才有可能弥补所发生的固定成本总额，为企业盈利做贡献。

知道了变动成本率和固定成本，我们就可以算出利润为零时的营业额，即每个月需要多少营业额才能保证不亏损。这就是网店经营中需要注意的盈亏平衡点。

(三) 提升利润的方法

1. 提高营业额

营业额取决于客数和客单价两项。其中：客数是指实际购买商品的顾客人数；客单价是指每位顾客平均购买商品的金额。营业额＝客数×客单价，客数＝来店客数×购买率。由以上公式可以看出，要提高营业额，店方就应该增加来店的人数，提高顾客的购买率，同时要尽量让顾客在网店中购买价格高的产品。而要做到这些，就必须提高消费者对网店的期望。在当前市场，顾客对于一个网店的期望，不再是廉价的产品，而是优质的商品和服务。因此，网店在提升业绩时要牢牢抓住“服务”这个中心。

2. 提升毛利率

提升毛利率有两种方法：一是提高单价，二是降低材料成本。如果提高单价，消费者不容易接受，比较而言，材料费用对利润的影响更大，降低材料费用比提高单价更容易被顾客接受。

(四) 加强现金管理

1. 制作现金日记账

现金是流动性最强的资产，必须好好管理。关于现金的管理，对于有独立会计人员的网店来说比较简单，基本上从“万里牛”数据和日常的账目中就能够体现。但最好还是制作现金日记账并做到日清月结。如果网店没有独立的财会人员，应该使用 Excel 制作现金日记账。

2. 加速收款、推迟付款

为了提高现金的使用效率、加速现金周转，应尽量加速收款，即在不影响未来销售的情况下，尽可能地加快现金的收回。在收款时，应尽量加快收款的速度，而在管理支出时，应尽量延缓现金支出的时间。

3. 加强存货管理

存货管理是网店现金管理的重要组成部分。存货会占用现金，过多的存货会导致网店出现现金流紧张的状况。存货周转率指标反映了网店经营存货管理水平，影响网店短期偿债能力，是整个网店管理的一项重要内容。

加强存货管理的一个重要方面就是提高存货周转率。存货周转率是衡量和评价网店购入存货、销售收回等各环节管理状况的综合性指标。其计算公式为：

存货周转率＝销货成本/平均存货余额

存货周转天数＝360/存货周转次数

4. 编制现金预算

现金预算是网店对现金流进行预计和管理的重要工具，用来反映未来某一期间的一切现金收入和支出，以及二者对抵后的现金余缺数。现金预算包括现金收入、现金支出、现金溢余或短缺、资金的筹集和运用四个部分。通过编制现金预算，可以帮助网店有效地预计未来的现金流量，为网店提供预警信号，及早采取措施。

编制现金流量预算时，网店应该将各具体目标加以汇总，并将预期收益、现金流量、财务状况及投资计划等，以数量化的形式加以表达，建立全面预算方案，预测未来现金收支的状况。此外，应根据年度现金流量预算，以周、月、季、半年及一年为期，建立流动式现金流量预算，这样更有利于依据网店现金流量的实际状况做出适时调整。

（五）编制资产负债表

资产负债表亦称财务状况表，表示企业在一定日期（通常为各会计期末）的财务状况（即资产、负债和所有者权益状况）的会计报表。它能表明企业在某一特定日期所拥有或控制的经济资源，所承担的债务和所有者对净资产的要求权。

三、员工激励与KPI考核

1. 考核目的

提高电子商务部门的整体工作效率和工作质量，提升部门成员的整体职业水平，提升网站内容质量，增加销售业绩，激励成绩突出的员工，鞭策成绩落后的员工，使每个员工自觉自发地与企业共同成长，同时为自己谋得更好的职业发展和薪水提升。

2. 考核范围与内容

考核范围包括网站的营销、推广、客服、美工、仓储、采购等员工。考核内容主要包括销售业绩贡献度、工作态度、工作能力、执行力。

- 业绩：给公司创造的收益、完成的工作任务。

■ 能力：工作能力、社交能力、专业知识、适应能力。

■ 态度：责任心、积极主动性、团队协作性、纪律性。

3. 考核方法（案例）

（1）采取月度考核的方式，百分制计分。

（2）员工工资的20%作为绩效工资。

（3）工资计算方法：

■ 考核分数＜80分，本月工资＝员工工资－绩效工资×（100－考核分数）÷100。

■ 80分≤考核分数＜90分，本月工资＝员工工资。

■ 考核分数≥90分，本月工资＝员工工资＋绩效工资×[5－（100－考核分数）÷100]。

（4）连续两个月获得差评将被警告，连续三个月获得差评将被劝退。

（5）每月被评为优秀员工将获绩效奖励。

（6）连续三个月被评为优秀员工将获年终特别奖。

绩效奖励模式如图4－1所示：

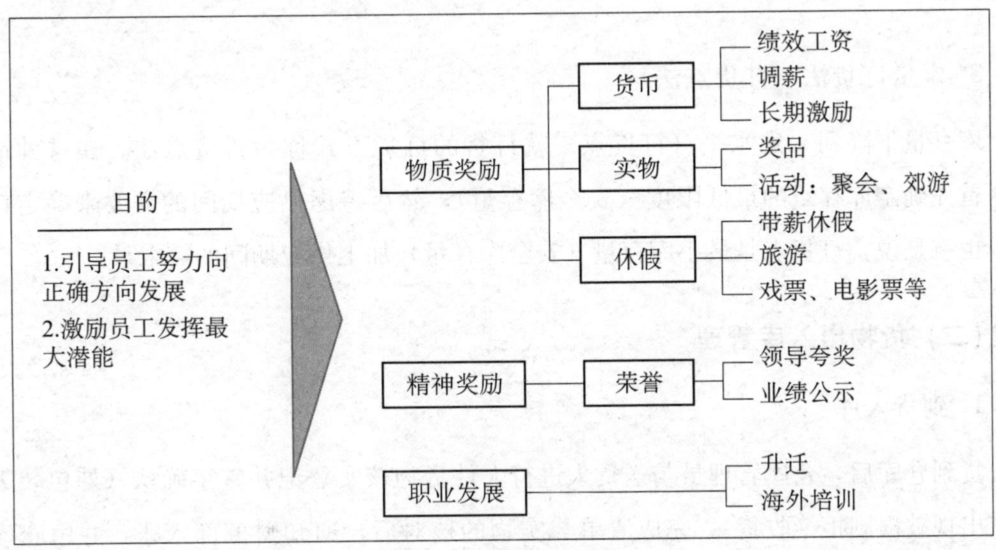

图4－1 绩效奖励模式

四、货物及库存管理

（一）库存与订货管理

库存管理就是为了满足一定时期的商品需要而保持合理的库存量。网络经营管理常用的方法有三种。

1. ABC 分析法

ABC 分析法即把库存物资按其品种、数量和金额划分成 A、B、C 三类，进而针对不同的种类采用不同的管理与配置方法的分析法。采用 ABC 分析法，首先将各品种按销售额从大到小依次排序，然后按顺序将各品种数相加，分别计算出品种数累计占总品种的比重；再将销售额依次相加，分别计算出销售额占总销售额的比重。

2. 经济批量法（Economic Order Quantity，EOQ）

经济批量法在库存管理中是决定应该订多少货的最一般的方法。总的储存费用主要由库存储存费用和订货费用两部分组成，二者之间有二律背反的关系，也就是说如果每一次订货量增大，则订货次数减少，订货费用相应减少，但需储存的商品相应增加。

3. 定量订货法（订货点法）

库存量下降到一定水平（订货点）就订货的订货方式称为订货点法。在这种情况下，首先确定库存量的最低限度（安全库存量），然后考虑供应期间的需要来确定订货点。也就是说，订货点是最小库存量（安全库存量）加上供应期间的需求量。

（二）货物出入库管理

1. 到货入库

货到仓库后，仓库管理员与送货人进行大件货物核实登记并签字确认（外包装无破损，出现破损则拒绝收货）。完成清单与实物的核对后，通知财务部入账，并由仓库管理员依照成品存储标准进行产品的分类存放。流程如图 4－2 所示。

2. 货物出库

仓库管理员凭打印的销售单，本着先进先出的原则进行配货。配货完毕后经由仓库管理员之间的互验并签字确认，按照业务人员的客户分类在配货区进行货物的暂存。最终与业务人员完成货物的签字交接，并按订单分别装箱。流程如图 4－3 所示。

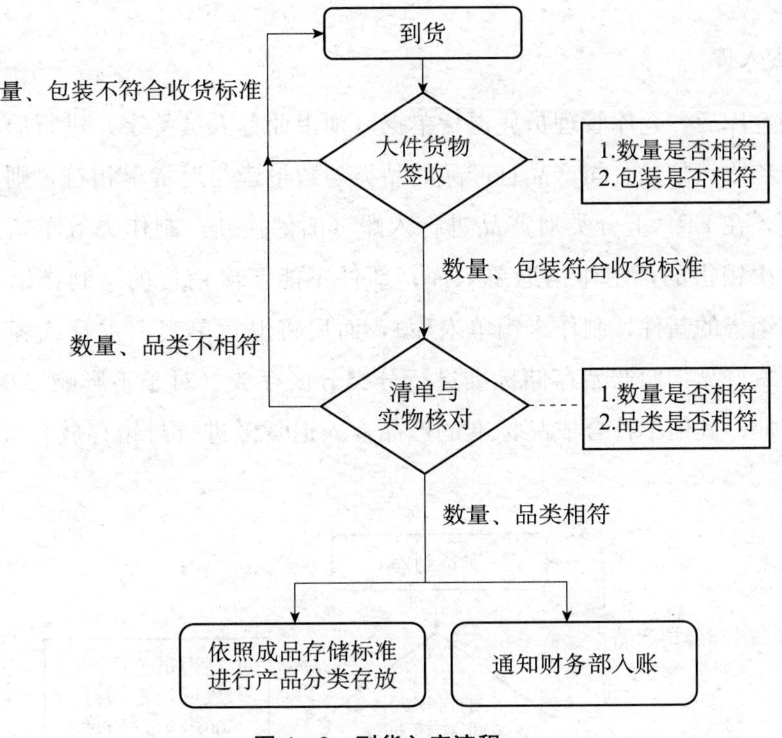

图 4－2　到货入库流程

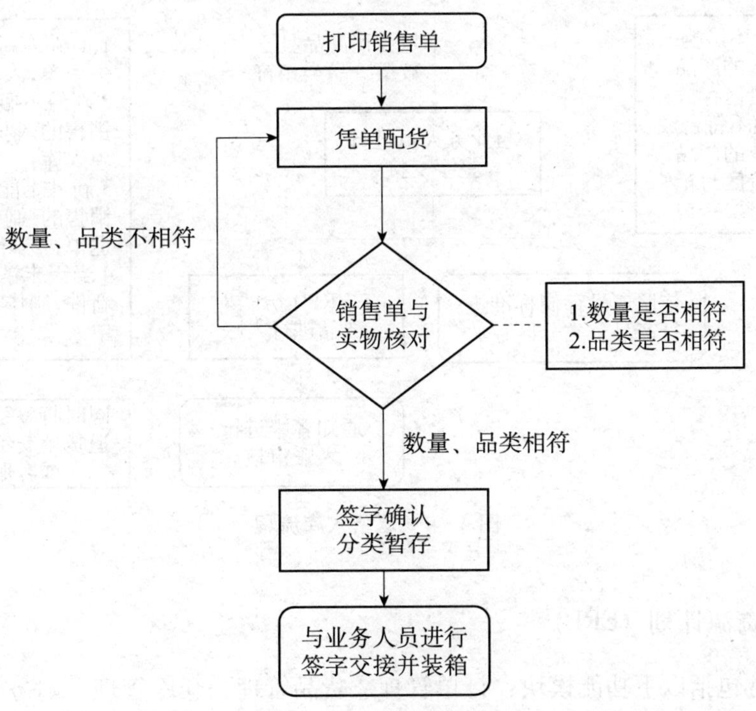

图 4－3　货物出库流程

3. 退货入库

退货到仓库后，仓库管理员凭退货单据（须由业务人员签字）进行验货。如非公司产品则拒绝签收。如是公司产品且产品的品类与数量皆与退货单相符，则与业务人员进行签字交接，在ERP上分类对产品进行入账（旧件换新，制作失效单，入不良库；新件不影响二次销售的，制作销退单入库；新件不能二次销售的，制作销退单，入不良库；当天未销售的新件，制作未销单入库），而后将退货单交由主管或客服进行入账审核，并将退货产品依照产品存储标准进行分类分区存放（对于不影响二次销售的产品，入存货区存放；其他不符合成品标准的产品，入退货区进行封箱存放）。流程如图4-4所示：

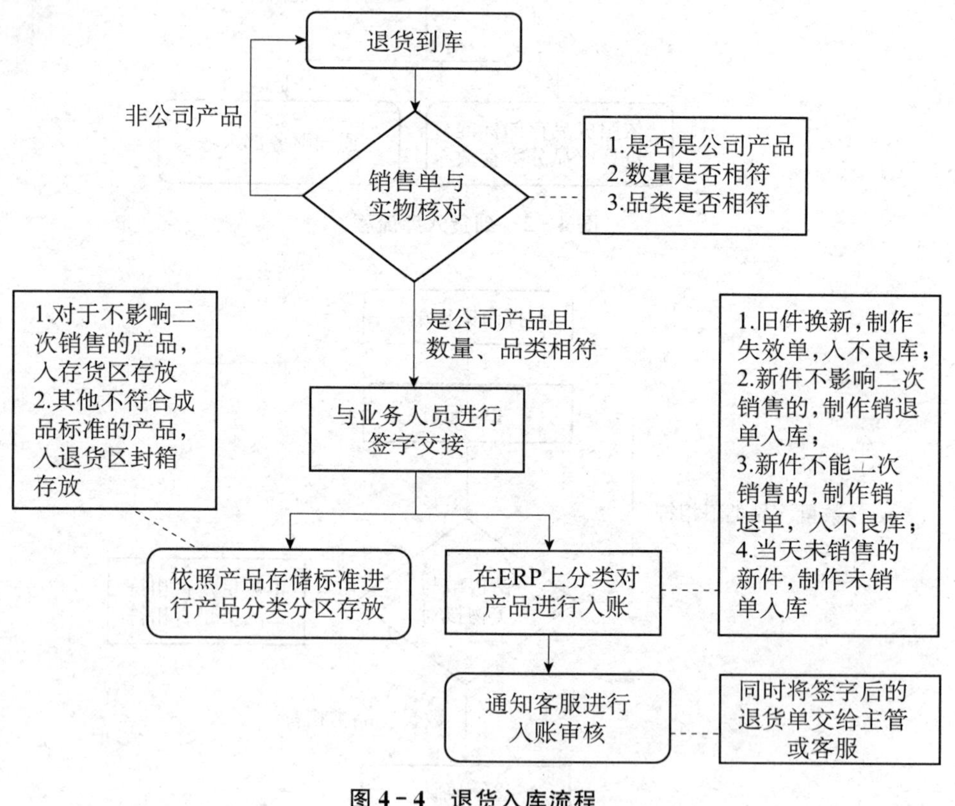

图4-4 退货入库流程

4. 企业资源计划（ERP）

ERP通常包括以下功能模块：订单管理、货品管理、仓库管理、财务管理、售后管理、会员管理等。信息化的管理方式能让一家公司在激烈的竞争环境中获取更大的优势。以万里牛ERP为例，其功能如图4-5所示：

订单管理

旺店通OMS订单智能高效处理，可自动抓取平台订单，智能审核并拦截各类异常订单，自动拆分、合并订单，高效批量打单，日峰值300万订单可轻松处理。

货品管理

对货品sn码、品牌、规格、分类、组合等进行管理，支持货品称重、条码打印。同时，规范化货品档案管理，使您的货品体系化。

仓库管理

异地多级分仓管理，全平台库存精准同步，货品验货、盘点、调拨一步到位，并设有警戒库存提醒，确保货品及时采购。

采购管理

支持多仓合并采购，智能生成采购货品和数量，库存警戒确保库存不出现断货，精准的到货验货以及退货操作，可以让您不必担心与供应商的核算问题。

财务管理

根据日常运营数据自动生成应收/应付款表单，支持平台对账、支付宝对账、快递对账等服务，可对接金蝶、用友等财务软件，让电脑财务管理更省心。

售后管理

完备的售后管理体系，可自动跟踪售后订单信息，精准清晰的售后账目，退货退款时形成退款单据表，智能回访机制，方便售后处理。

会员管理

根据客户消费金额进行积分累计，根据客户的会员等级来打折。对客户地域、忠诚度以及购买商品等信息进行统计分析，找出目标客户进行二次营销，同时支持短信营销。

数据统计

能够方便用户随时通过手机来监控店铺的项目核心数据，让您实时掌握商品订单、采购、销售、发货等信息，并自动分析筛选畅销货品、滞销货品，辅助用户制定最佳采购策略。

跨境购

全国海关全渠道对接，完全支持天猫国际，订单自动推送到申报系统，海关订单同步，保税存储，海关货物放行后订单自动发货。

图 4-5　万里牛 ERP 的功能

【任务实施】

表 4-1　　任务实施步骤

步骤	操作要求和说明
一、经营数据分析	1. 登录卖家中心，打开生意参谋，查看后台数据 2. 点击经营分析，分析信息流数据（流量、用户行为） 3. 分析销售数据（总销售额、订单数、客单价、订单转化率、退货率）
二、财务管理	1. 登录卖家中心，打开生意参谋，查看后台数据 2. 分析利润影响因素 3. 分析网站运营的盈亏平衡点 4. 制作一份现金管理方案（收款、存货管理） 5. 编制一份资产负债表

续前表

步骤	操作要求和说明
三、员工激励与KPI考核	1. 确定各岗位员工工作内容与职责 2. 对各岗位员工的业绩贡献度、工作态度、工作能力、执行力进行考核 3. 根据各岗位激励因素，制作一份员工KPI考核方案
四、货物及库存管理	1. 登录卖家中心，查看商品分析、分类分析 2. 分析ABC分析法、经济批量法、定量订货法对网店经济效益的影响 3. 分析到货入库流程 4. 分析货物出库流程 5. 分析退货入库流程 6. 登录万里牛ERP，对货物及库存进行管理
五、效果评估	1. 经营数据（流量、销售数据）分析能力 2. 财务分析能力（盈亏平衡、现金管理、资产负债表制作） 3. 员工考核与激励制度制定 4. 货物及仓库管理ERP软件的应用

【评价反馈】

表4-2　评价反馈

评分项目	评分标准	分值	得分
经营数据分析	分析流量影响因素、销售数据并提出改善建议	30	
财务分析	确定网店运营商品定价的盈亏平衡点，制定现金管理规划	20	
员工KPI文案	制定员工KPI考核制度	20	
ERP使用能力	能够把商品信息录入万里牛ERP，应用ERP软件管理进销存	30	
合计		100	

【知识拓展】

一、网店经营的重要数据

经营者在运营和管理网络营销业务时，应学会分析和使用店铺经营的相关数据。分析下面几个数据，可以看出店铺存在的问题从而有目的地进行优化。

1. 黏度——店铺总PV（总点击量）/店铺UV（到店人次）

分析这个数据，你可以看到买家到你的店铺平均查看了几件商品，据此你就能找到有优势的商品以及最适合你的推广手法。

2. 店铺转化率—— 购买产品的人/到店的人次

这个数据能说明来你店铺的100个人里有多少留下来买了东西。转化率上去了，销售额就上去了。转化率与商品性价比、店铺促销力度、客户忠诚度、商品描述关系较大。以淘宝网为例，淘宝网的平均客户转化率在1%左右，相当于来了100个人，有1个人产生了交易。如果你的店铺的转化率远低于这个水平，说明你的店铺状况不太好，需要改进。

3. 平均客单价—— 一段时间内总销售/总购买人数

这个数据能说明买家在你的店铺花了多少钱，而花钱多少往往是与你的货品是否充足、商品是否吸引人、商品销售搭配是否合理这几个方面息息相关的。

4. 平均成交单价—— 总销售额/总销售件数；平均客单价/平均成交单价

这两个数据能体现买家到你的店铺最容易接受的价格，以及到你店铺的人一般会购买几样商品。据此，你可以调整单品的价格，还可以优化商品的销售组合。

二、进货管理成本控制

在网店运营成本的组成当中，相对于其他成本，进货成本通常情况下是最主要的。只有有效地降低进货成本，才能获取更多的利润。进货成本主要由购买商品的费用和购入时发生的运费两部分组成。

1. 商品购入成本

（1）最好从厂家直接拿货，如果做不到，也要从一级代理商处拿货。代理商级别越低，你的拿货成本就越高。

（2）一次进货量大可以有效降低成本，但同一件商品也并非一次进货量越大越好，要根据销售情况来定。

（3）有效降低购入成本，并不是要进那些质次价低的商品，相反，进货时要确保商品质量。对于网店而言，提高知名度的最好方法就是口碑传播，商品质量和服务是关键。

（4）遇到厂家清仓处理的机会要把握，可以多进些好销的商品。

2. 进货时的运输费用

进货时必然会发生运输费用，选择合作物流公司，签订协议折扣价，运输时选择避开高峰的合适运输方式，都可以降低运输费用。

三、货物管理成本控制

建立良好的库存（仓库）管理或无库存供应商群计划。从先进先出（First In First Out，FIFO）原则的建立使用，到交叉污染的避免、物品的定位放置、湿度/温度（冷藏、冷冻设备）的控制、虫害防治、盘点（日、周、月盘），甚至灭火器的位置、数量以及意外险类的投保，都是库存管理的必备要件。

【实训练习】

运用全面管理相关知识，对坚果类店铺进行经营管理分析。从网店经营数据分析、财务管理、员工激励与 KPI 考核、货物及库存管理等多个维度，提高网店经营管理的系统性和科学性，最终提高网店市场竞争力和实现销售额增长 2%。(以 4 人为一小组)

要求：

1. 分析网店经营数据中的流量数据及销售数据；
2. 分析网店经营中的财务问题并制订财务管理方案；
3. 制定员工激励机制及 KPI 考核制度；
4. 使用 ERP 软件进行店铺网络营销的货物及库存管理；
5. 撰写一份 800 字左右的经营管理分析报告。

【参考文献】

[1] 电商员工绩效考核方案 . http://wenku.baidu.com/view/91994e28852458fb770b56b1.html.

[2] 宝贝详情的重要性和做好淘宝宝贝描述的好处 . http://www.3lian.com/edu/2014/03-20/135957.html.

[3] 仓库管理工作流程 . https://wenku.baidu.com/view/50637a4a4a7302768e9939de.html.

附件：X 公司员工 KPI 考核样本（客服）

表 4-3　　X 公司员工 KPI 考核样本（客服）

职位：客服					
KPI 指标	详细描述	标准	分值	权重	得分
指标完成率	实际销售额/计划销售额（____万元/月）	≥80%	100	30%	
		80%＞—≥70%	85		
		70%＞—≥60%	70		
		60%＞—≥50%	55		
		50%＞—≥40%	40		
		＜40%	0		
咨询转化率	最终下单人数/咨询人数	≥40%	100	30%	
		40%＞—≥35%	80		
		35%＞—≥30%	60		
		＜30%	0		
下单成功率	最终付款人数/下单人数	≥85%	100	10%	
		85%＞—≥80%	80		
		80%＞—≥75%	60		
		＜75%	0		
客单价	销售额/下单付款人数（有效客单价）	≥100	100	5%	
		100＞—≥80	80		
		80＞—≥40	60		
		＜40	0		
旺旺回复率	回复过的客户数/总接待客户数	≥98%	100	5%	
		98%＞—≥95%	80		
		95%＞—≥92%	60		
		＜92%	0		
旺旺响应时间	平均响应时间(秒)	≤30	100	5%	
		30＜—≤60	60		
		＞60	0		
协助跟进服务	客户下单后的跟进服务金额（催款/处理售后）[由于客服原因导致售后或者差评，出现一次扣 1 分，扣完为止]	≤500	100	5%	
		500＞—≥1 000	80		
		1 000＞—≥1 500	60		
		＞1 500	0		
执行力/工作态度	按照主管要求完成分配任务（考勤、工作配合度、纪律性、学习能力、工作完成时间等）	上级主管打分	100	10%	
			80		
			60		
			40		
			0		

课程附录：案例集

（扫描本书前言中“浙江省精品网络课程”二维码即可查看）

案例一：互联网帝国

案例二：阿里PK腾讯的O2O

案例三：百度、阿里、腾讯加速团购布局

案例四：马云背后的男人

案例五：马云1996年北京跑业务

案例六：3年滴滴、17年京东、20年阿里

案例七：智能手机行业成本揭秘

案例八：冰激凌冬季经营哲学

案例九：购物江博士的童鞋

案例十：12306网站购票经历

案例十一：天猫的成本

案例十二：业态范围

案例十三：2020年中国网络零售行业市场现状与竞争格局分析

案例十四：从0开始到月销10 178的爆款流程

案例十五：教你轻松搞定淘宝客的实操推广

案例十六：删帖与水军

案例十七：国产手机不能上飞机

案例十八：魏则西事件进展

案例十九：papi酱广告拍卖

案例二十：明星们的片酬与粉丝

案例二十一：淘宝上的粉丝售价

案例二十二：雪梨钱夫人的淘宝店

案例二十三：新北仑论坛的网络广告营收

案例二十四：第二家倒闭的共享单车创始人承认：真的是被偷光才停运

案例二十五：淘金币活动申报

案例二十六：新农哥的百度百科词条

案例二十七：百度文库上的生意

案例二十八：东南大学招生软文

案例二十九：火车上的少女

案例三十：从感冒药到皮划艇的销售员

案例三十一：超市经营成败的四个关键指标

案例三十二：唐僧自我介绍

案例三十三：个体互联网营业执照

案例三十四：微信运动排行榜首位招标

案例三十五：商业原理（消费者）

案例三十六：刷信誉的产业链

案例三十七：夏天里的羽绒服

案例三十八："双 11"的盛宴

案例三十九：宁波霞浦冷链的进口猪牛肉

案例四十：虚假交易直通车停用 14 天处罚

案例四十一：宁波公司团购微信群

案例四十二：淘宝客微信群/QQ 群

案例四十三：月薪 2 000 元与 20 000 元的文案区别

案例四十四：宁波纸器时代"双 11"后的店铺营销总结会

案例四十五：新北仑论坛的崛起

案例四十六：李佳琦与马云比赛卖口红

案例四十七：李子柒美食博主的海外视频影响力

图书在版编目（CIP）数据

网络营销实战 / 陈广明主编 . -- 2 版 . -- 北京：
中国人民大学出版社，2020.5
21 世纪高职高专规划教材 . 电子商务系列
ISBN 978-7-300-28066-0

Ⅰ.①网… Ⅱ.①陈… Ⅲ.①网络营销-高等职业教育-教材
Ⅳ.①F713.365.2

中国版本图书馆 CIP 数据核字（2020）第 067939 号

"十三五"职业教育国家规划教材
21 世纪高职高专规划教材·电子商务系列
网络营销实战（第 2 版）

主　编　陈广明
副主编　程　涛　吴雪毅
Wangluo Yingxiao Shizhan

出版发行	中国人民大学出版社		
社　　址	北京中关村大街 31 号	**邮政编码**	100080
电　　话	010－62511242（总编室）		010－62511770（质管部）
	010－82501766（邮购部）		010－62514148（门市部）
	010－62515195（发行公司）		010－62515275（盗版举报）
网　　址	http://www.crup.com.cn		
经　　销	新华书店		
印　　刷	北京密兴印刷有限公司	**版　　次**	2018 年 5 月第 1 版
规　　格	185 mm×260 mm　16 开本		2020 年 5 月第 2 版
印　　张	14.75 插页 1	**印　　次**	2021 年 6 月第 4 次印刷
字　　数	275 000	**定　　价**	35.00 元

信息反馈表

尊敬的老师:

您好！为了更好地为您的教学、科研服务，我们希望通过这张反馈表来获取您更多的建议和意见，以进一步完善我们的工作。

请您填好下表后以电子邮件、信件或传真的形式反馈给我们，十分感谢！

一、您使用的我社教材情况

您使用的我社教材名称			
您所讲授的课程		学生人数	
您希望获得哪些相关教学资源			
您对本书有哪些建议			

二、您目前使用的教材及计划编写的教材

您目前使用的教材	书名	作者	出版社
您计划编写的教材	书名	预计交稿时间	本校开课学生数量

三、请留下您的联系方式，以便我们为您赠送样书（限1本）

您的通信地址			
您的姓名		联系电话	
电子邮箱（必填）			

我们的联系方式:

地　址: 苏州工业园区仁爱路158号中国人民大学苏州校区修远楼

电　话: 0512-68839320　　传　真: 0512-68839316

网　址: www.crup.com.cn　　邮　编: 215123